能勢邦子

なぜか惹かれる言葉のつくりかた

サンマーク出版

はじめに

私は、30年間、マガジンハウスという出版社で雑誌や書籍の編集者をしてきました。『anan』では編集長を、『POPEYE』、『Hanako』では副編集長を務めました。2018年に退職してからは、webメディアの編集やさまざまな企業のコンテンツづくりに関わっています。

あるウェルネス系webメディアの立て直しに参加した時のことです。どの記事も読んでみると悪くないのに、タイトルがわかりにくいなぁと思っていました。

・走るべきか、走らないべきか、それが問題だ
・そうだ、筋トレのメニューを変えてみよう！
・メンタルは鍛えるのではない、整えるのだ
・美味しい食べ物たちが体をつくってくれている

後日、担当者に会ってみると、30代の真面目な男性Nさんで、すべての記事タイトルを自分でつけているとのこと。**「キャッチコピー50の技術」的な本に照らして、うんうん唸《うな》りながら、それらの技術を使っていると、誇らしげに話してくれました。**

最初のタイトルは「生きるべきか、死ぬべきか、それが問題だ」というハムレットの台詞のパロディ。2つ目は「そうだ　京都、行こう。」というJR東海のキャッチコピーの真似。3つ目は「否定からの肯定(断言)で強める対比」の技術。4つ目は食べ物の擬人化。

このように、ことごとく技術を使っているのですが、内容が全然伝わってこないと思いませんか。

「強く短いコピーがいいのですよね」とNさんは言いますが、その道の権威に取材した記事なのか、有名人のインタビューなのか、理論なのかエッセイなのかさえわかりません。

しかも、技術が活きていないのです。

「生きるべきか、死ぬべきか、それが問題だ」と、生と死の対比を使った壮大な表現に、走ることと走らないことの対比では弱いです。「走るべきか、泳ぐべきか、それが問題だ」「有酸素運動か、無酸素運動か、それが問題だ」ならば、まだ対比に足るでしょう。とっておきの表現は、その表現がふさわしい時に使ってこそ、活きてきます。

結局、Nさんにはタイトルの基本的な考えかたを3回に分けてレクチャーすることにしました。「目からウロコです」と何度も言われましたが、いまではとてもいいタイトルが並んでいます。

Nさんにレクチャーしたのは、キャッチコピーの技術はいったん忘れて、まずは記事をしっかり読み込むこと。その記事で「伝えたいこと」はなにか、いちばんの〝売り〟を考えること。それだけです。

世のなかには、ものをつくる人がいて、それを広告する人がいます。メーカーと広告代理店といえばイメージしやすいでしょうか。「読まれる」「売れる」言葉を考える時に、そのほとんどが、後者の広告視点、つまりマーケティング発想から始まっています。

情報量は1996年から10年間で530倍、特にインターネットの情報量は2000年から20年間で6450倍にも膨れ上がっているとか。このおそろしいほどの情報量のなかで、どうすれば読者の目に留まるか、買ってもらえるか。そのノウハウばかり追い掛けてしのぎを削るうちに、内容とフィットしない言葉もあふれてきたように思います。

ものをつくる人は、いま一度、つくるもの（この場合は記事）に誠実に向き合って、それを丁寧に言葉（この場合は記事タイトル）にすることに立ち返りませんか。内容にフィットする言葉にできなければ、ものをせっかくつくっても、その魅力が人に伝わりません。

つくるものをコンテンツと言い換えてもいいでしょう。記事であれ、モノであれ、コトであれ、サービスであれ、言葉にして初めてコンテンツになる。つまり、言葉にするまでがものづくりです。

いま、世のなかで目にする言葉は、ものづくり視点とマーケティング発想の比率が２：８ぐらいでしょうか。それぐらいマーケティング発想が行き渡っています。

ですが私は、ものづくり視点が８、マーケティング発想が２が理想だと思います。なぜなら、コンテンツをつくることと見せること、どちらが大切かといえば、つくることですから。ないコンテンツは見せることもできません。

そしていちばん大事なことは、ものづくり視点で言葉をつくることこそが、結果として、「読まれる」「売れる」言葉になる近道だということです。

どんなに素晴らしいコンテンツも人に届かなければ意味がありません。当然「読まれる」「売れる」ものにしたいわけですが、誰に読まれ、誰が買うのかが問題です。野次馬がいたずら半分に拡散させバズることとか、そのコンテンツに共感を抱きファンになってもらうことか。マスメディアの力が弱まりメガヒットが出にくい時代、これからは、コンテンツのファンを強固につなぐ言葉のほうが必要ではないでしょうか。

Ｎさんの件をきっかけに改めてｗｅｂコンテンツを見てみると、同じことがたくさん起きているように感じます。いきなり見せかたの技術に走ってしまうあまり読み手に届かないこともあれば、いいコンテンツがあるのに活かしきれていないことも。

そんな現場で言葉を書いている人たちに向けて、言葉のつくりかたをまとめたのがこの本です。具体的には、知っておきたい言葉のあれこれ、コンテンツへの向き合いかたなど、「読まれる」「売れる」言葉をつくるのに必要なことだけ過不足なく説明し、引用も役に立つものだけ選んでいます。Nさんにレクチャーしたこともたっぷり詰め込みました。

言葉のテクニックというより考えかたなので、一度身につけてしまえば、一生使える技術です。メールや企画書や報告書で気が重くなっている人、カタログ、POPなどの販促物、広告や宣伝のコピー、オウンドメディアやメールマガジンなどをつくることになってしまった人に今日から役立ちます。コンテンツ制作を外注していても、成果（コンバージョン）が伴わないことをもどかしく思っている人にも使っていただける考えかたです。

「最初はどう考えればいいのかわからなかったし、億劫というか、地味な作業だと思ったんです。**でも、コツをつかんでしまえば、自分でも面白いほど言葉が上手になるんですね。**いまは、なにかを書く時はいつも『伝えたいこと、伝えたいこと』と呪文のように唱えています。それだけでメールも速くなったし、いろいろラクになりました」とNさんも言っていました。

これは、本当にそうなのです。言葉のつくりかたが上手になると、仕事や人間関係などいろいろ上手くいく。

「読まれる」「売れる」言葉だけ手っ取り早く知りたいという人には、回りくどく面倒に感じられるかもしれません。**でも、考えかたを知れば、あとは加速度的に上手に言葉がつくれるようになります。**

「すこし愛して、なが〜く愛して。」というサントリーのキャッチコピーがありましたが、深く長く愛されるコンテンツ、そのための言葉をつくりましょう。

順に目を通していただければ、「読まれる」「売れる」言葉をつくる考えかたがつかんでいただけますが、もし、いますぐ急ぎで文を書かなくてはならない人は、以下のページへ飛んでください。

いますぐ急ぎで、

ピンと来ない言葉を修正したい　25ページ

記事にタイトルをつけるには？　15、151ページ

簡単な記事を書くことになった　163ページ

早くメールの返信をしなくちゃ……　163ページ

中見出しとキャプションを書く　167ページ

言葉の得意な人になりたい！　177ページ

第2章

一瞬で読みたくなる言葉のつくりかた

第3章

つい見たくなるコンテンツのつくりかた

第4章
読者の心を強く惹きつける言葉の選びかた

第5章 少ない文字数でも目を惹く言葉をつくるコツ

第6章

惹句をつくれるようになる簡単な心がけ

ブックデザイン　小口翔平＋奈良岡菜摘＋後藤司（tobufune）
図版　高橋明香（おかっぱ製作所）
DTP　天龍社
校正　鷗来堂
編集　蓮見美帆（サンマーク出版）

序章

なぜか惹かれる言葉のつくりかた

「読みたい」言葉はこうしてつくる

Nさんにレクチャーした、記事タイトルをつくる流れを説明します。あなたの仕事が記事タイトルをつけることではないとしても、言葉のつくりかた、すべてに役立つ要素が入っているので、まず目を通してみてください。

仮に、映画『△△』のプロモーションで俳優の○○さんにインタビューをすることになったとします。

1、取材前には普遍的な仮タイトルをつくる

企画段階で必ず仮タイトルをつけます。「○○さんに聞く□□するためのアイデア」、「映画『△△』の撮影秘話とこれからの目標」などと、テーマをダイレクトに説明する言葉です。□□はメディアのテーマや特集テーマなどで

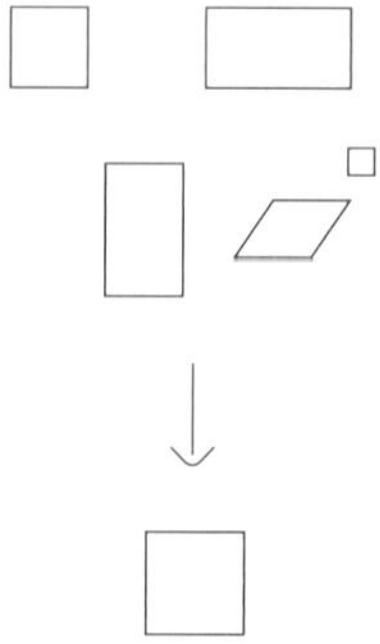

す。後者は特にテーマがない場合です。どちらにせよ、仮タイトルは、〝名詞〟に完結させるほうが考えやすいです。

仮タイトルが必要な理由は、企画書に入れて取材を申し込むためであり、自分やスタッフがブレないためでもあります。なので、この段階で言葉を吟味する必要はなく、むしろできるだけ普遍的なほうがいいです。キャッチーな仮タイトルをつけると、企画を受けてもらう時には、語弊が生じたり、下手に身構えられたりする可能性があります。

2、取材して〝売り〟を1つに絞り込む

取材を終えたら、「伝えたいこと」を整理します。取材をして感動した〝想い〟を書き出します。友だちに、「今日、○○さんのインタビューだったんだけど、すごかったよ」と真っ先になにを話しますか。○○さんの人となりなのか、とっておきのエピソードなのか、材料はいろいろあると思います。そのなかからどこをどう見せれば読者への〝売り〟になるのか考えます。

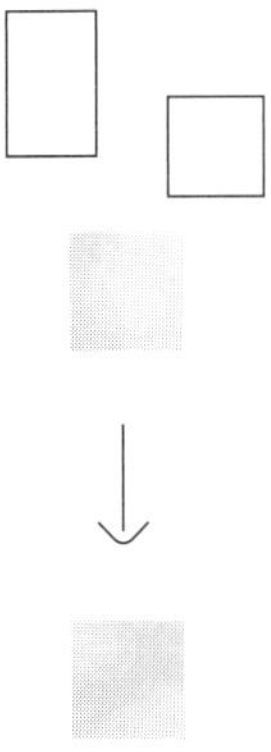

Nさんのように、人の書いた記事にタイトルをつける場合は、記事を丁寧に読み込んで、や

はり、この記事のなにが〝売り〟なのか考えます。

たとえば、「『このエピソード』『あのエピソード』『取材時のハプニング対応』これらを通して○○さんの純朴さを伝えよう」と〝売り〟をまとめたとします。〝売り〟は1つに絞り込むことが大切です。この場合、〝売り〟は純朴さであって、「このエピソード」や「あのエピソード」や「取材時のハプニング対応」は素材です。絞り込んだ1つの〝売り〟、純朴だということをタイトルにします。

3、〝売り〟を、ずばり、タイトルにする

詳しくは第5章で後述しますが、記事タイトルには、「〝売り〟をまとめる」方法と、「〝売り〟を抜き出す」方法があります。大切なことは、〝売り〟が瞬間に伝わる言葉、「伝えたいこと」の〝気分〟も含め正確に伝わる言葉にすることです。

また、記事タイトルには、どうしても入れなければならないマストな言葉があります。この場合、○○さんのフルネームはマストです。呼称「さん」、映画タイトル、インタビューだと

いうことを入れ込むかどうかはメディアごとの基準があるでしょう。インタビューだということも入れなくてはならないとすると、「○○さんインタビュー」だけで12文字ぐらい使ってしまいますが、検索上位表示させるSEO対策の意味でも、記事タイトルにはマストな言葉はマストで入れるしかないのです。

4、すべての言葉を吟味する

タイトル案をいくつかつくったら、すべての言葉をひとつひとつ吟味します。

まず、マストな言葉から吟味をします。○○さんのフルネームは言い換えられませんが、インタビューは「独占取材」、「突撃」「〜に聞く」などと言い換えられるかもしれません。〝売り〟にする「純朴」はどうでしょうか。「素朴」「朴訥《ぼくとつ》」「自然のまま」「自然体」……。「純朴」と言わずに純朴さを表現する言葉を考えます。

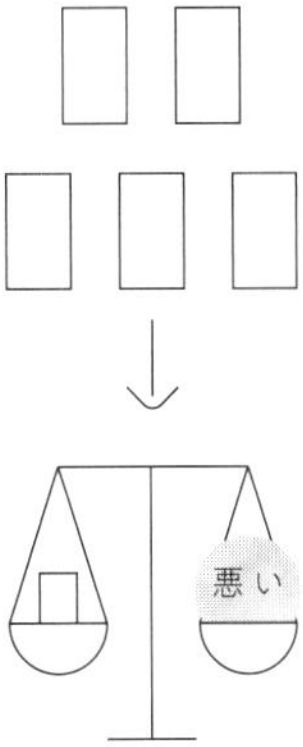

「〝売り〟をまとめる」方法では、「独占スクープ!?　素顔の○○さんは不器用なほど純朴な人でした」（約30文字）にしたとします。「〝売り〟を抜き出す」方法では、○○さんのコメントを

抜き出して、「〇〇さん純インタビュー『自分でもヤになるほど馬鹿正直です』」（約30文字）にしたとします。本当は少なくても5案、できれば10案ぐらいつくります。

5、案を寝かせてセレンディピティを期待

タイトルを考えるには、タイトルを考える時間をきちんとつくってください。1秒でも早く1秒でも長く、考えるといいです。1秒でも早く着手し、いくつかタイトル案をつくったら、必ず時間を置きます。時間を空けて見返したり、翌日に見直したりします。改めて見ると、あれだけ悩んでいたのが嘘のように、正解が見えてくるものです。「あ、これだ」と思いつくようなセレンディピティが起きるのも、案を寝かせている時です。

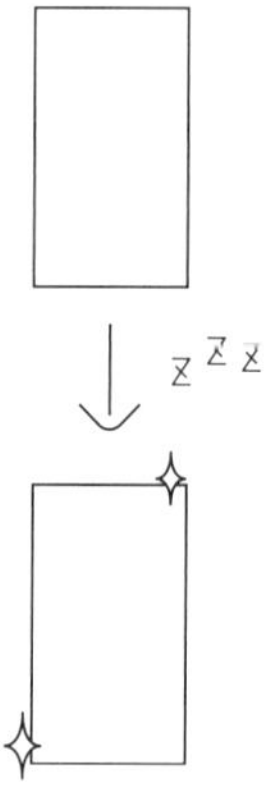

この例でいうと、マストな言葉「インタビュー」を言い換えようと足し算をし、「純インタビュー」にしたのですが、改めて見ると自己満足で、さっぱりピンと来ない。話し言葉を活かそうと「ヤになる」としたのも、「嫌になる」と漢字で書いたほうがわかりやすい。と、こんなふうに考え、ボツにしたり修正したりします。「秘密を告白!?」でもインタビューを表せる

かもしれないと思いつきます。

6、最後はやっぱり人に聞く

周囲の人に意見を聞きます。記事の内容を知らない人、できたら○○さんのファン、読者になってほしい人に聞いてみます。人に聞く、この過程がとても大切で、気に入っているタイトルが不評だったり、自信のないものが好評だったりします。

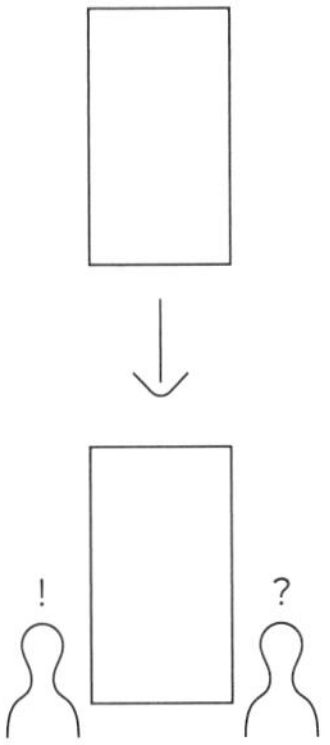

ここでは仮に「○○さん秘密を告白!?『自分でも嫌になるほど馬鹿正直です』」に決めたとします。

7、文字をデザインする

表記の調整をします。フォント（書体デザイン）が変更できるならば、種類、サイズ、太さ、色などを調整します。第2章で後述しますが、フォントが変更できなくても、文

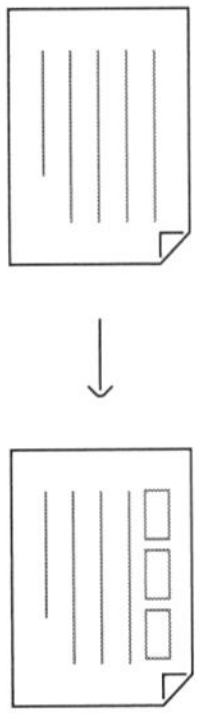

字でできるデザイン調整もあります。漢字、ひらがな、カタカナのバランス、記号の検討などです。

「◯◯さんが秘密を告白!?『自分でも嫌になるほどバカ正直です』」になりました。

言葉をつくるには、3つのフェーズ（局面）があります。まずコンテンツに誠実に向き合うこと、次に読者に誠実に向き合うこと、そして言葉に誠実に向き合うことです。記事タイトルをつくるプロセスでいうと、こうなります。

1、取材前には普遍的な仮タイトルをつくる

2、取材して〝売り〟を1つに絞り込む

→コンテンツに誠実に向き合うフェーズ

3、〝売り〟を、ずばり、タイトルにする

→読者に誠実に向き合うフェーズ

4、すべての言葉を吟味する

5、案を寝かせてセレンディピティを期待

↓言葉に誠実に向き合うフェーズ

6、最後はやっぱり人に聞く

↓読者に誠実に向き合うフェーズ

7、文字をデザインする

↓言葉に誠実に向き合うフェーズ

この本では第1章、第2章で、言葉に誠実に向き合う考えかたから始めます。コンテンツや読者が決まっている場合、すぐにでも使える考えかたです。

その後、第3章でコンテンツに誠実に向き合う考えかた、第4章で読者に誠実に向き合う考えかたを説明します。コンテンツづくりから関わる時に必要な考えかたです。

第5章では、いま一度記事タイトルのつくりかたを復習しますが、第1章から第4章までを読んでいただいたあとには、より具体的にわかっていただけると思います。
最後に第6章では、言葉上手になるためのヒントをいくつか取り上げます。

第1章

「読まれない」を「読みたい」に変える言葉の磨きかた

「読みたい」をつくるのは惹句

惹句《じゃっく》という言葉があります。

私は、1990年、**マガジンハウスに入社した年に、先輩の編集者に教えてもらいました。以来、音が印象的なこともあって、頭にこびりついている言葉です。**

雑誌を開くと、4ページか6ページごとにまずテーマタイトルがあります。たとえば『anan』の髪型特集ならば、

前髪は自分で切ろう。

失敗しないセルフカット術。


というのがテーマタイトル。

そのタイトルの横に数行、小さな文字でテーマの説明があります。

眉より上か、すれすれか、隠すのか……。
前髪は1ミリ違うだけで顔の印象が変わります。
いろいろな長さを気軽に自分で試してみたい！
でも大事な前髪だけに切りすぎるのが心配……。
そんなあなたに前髪セルフカットの3つのコツを、
カリスマ美容師◯◯さんが教えてくれました。

タイトルを補足しつつ、テーマの内容を説明する、リードと呼ばれる部分です。キャッチと呼ぶ編集部もあります。先輩の編集者は、これを惹句と呼んでいました。

「読者はタイトルを読み、惹句を読んで、本文を読むかどうか決めるんだ。読者の心を一瞬で、ぐっと惹《ひ》きつけるものでなければならないのに、最近は軽んじられている。能勢は惹句を大切にしろよ」と言われたことをよく憶えています。

雑誌の場合、実際には、パラパラ開いて、まず写真を見て、それからタイトルや惹句を読むことも多いでしょう。

ところが最近、webコンテンツを見ていると、つくづく言葉が勝負だなぁと思うのです。Yahoo!ニュースでもnoteでも、記事タイトルを見て思わずクリックしてしまうことがあります。タイトルが惹句でなければならないのです。

web記事は、雑誌と違って、表紙にあたるビジュアルも、タイトルの文字とは別に表示されます。フォントや改行も個別に指定できないことが多いです。だからなおさら、タイトルの言葉そのものが、よりダイレクトに勝敗を決めます。

逆にいうと、入り口はタイトルしかありません。タイトルの言葉次第で、読むか読まれないかが一気に決まるということです。

では読者は、どんな言葉に惹きつけられるのでしょうか。

編集者として30年間、惹句を考えてきた経験からいうと、惹きつけられるのは読者ですが、書き手が惹きつけられている、それがわかる言葉が惹句になります。

惹句の「惹」という言葉は、書き手が惹きつけられ、それが伝わり、読者が惹きつけられ、双方が惹きつけられるという意味です。惹句を通して、書き手と読者の〝想い〟が通じる。惹句には、そんなパワーがあるのです。

私が、その後、惹句という言葉を聞いたのは、映画配給会社に勤める友人からでした。映画のキャッチコピーも惹句と呼んだそうです。

『グラン・トリノ』でいうと「俺は迷っていた、人生の締めくくり方を。少年は知らなかった、人生の始め方を。」が惹句です。

『グリーンマイル』は「僕たちは、世界で一番美しい魂を、握りつぶそうとしていた――」、『リトル・ミス・サンシャイン』は「夢と希望を乗せて、黄色いバスは行く」、『リトル・ダンサー』は「僕がバレエ・ダンサーを夢見てはいけないの？」、『ニュー・シネマ・パラダイス』は「映画から夢が広がった　大切なぼくの宝箱」、『グリーンブック』は「行こうぜ、相棒。あんたにしかできないことがある。」。

書き手が映画に惹きつけられ、〝想い〟を言葉にしていることが、よくわかります。「全米ナンバー1！」「観客動員数、最高記録更新中！」「必ず泣ける愛と感動の実話！」のようなキャッチコピーは、「惹句」とはいえません。

「読まれる」「売れる」言葉というと、読者の行動だけ求めていて、コンテンツに対する書き手の〝想い〟が入っていない気がしませんか。ここからは、ものづくり視点で、書き手の〝想い〟たっぷりに「読まれる」「売れる」言葉を、惹句と言い換えて、そんな言葉をつくる考えかたを説明していきます。

大切なのは瞬時に伝わること

惹句をつくるには、言葉に誠実に向き合うことが必要です。

まず、「読まれる」「売れる」言葉は、「強く」「短く」「シンプル」な言葉だといわれています。Nさんも「強い言葉がいいんですよね」と言っていましたが、ここに少し誤解があるかもしれません。

そもそも「強い言葉」というのは、どんな言葉だと思いますか。卵より壁のほうが強いですか。それとも、語感でしょうか。歩くより歩行するのほうが強いですか。食べましたより食事したのほうが強いですか。

そういう意味ではないですよね。あくまで、「伝えたいこと」が瞬時に伝わる言葉、伝えたいニュアンスも含め正確に伝わる言葉が、結果として「強い言葉」といわれているのです。だから、単純に「強い言葉を探す」というのとは、少し違います。「伝えたいこと」に、ぴたっとフィットする言葉を探すのです。

「短い言葉」についても、それほど気にしなくていいと思います。長いより短いほうが早く読めるので、瞬時に伝わるということはあります。でも、まず考えるのは、「伝えたいこと」が過不足なく伝えられているかどうかです。

過不足なくというところがポイントで、欲をかいて無駄な言葉を足すことも、無理して語数を減らすことも、同じぐらい必要ありません。

適切な文字数について聞かれることも多いのですが、「伝えたいこと」が過不足なく伝わる言葉が、適切な文字数です。「映画」という特集タイトルも、「いまさら『見てない』とは言えない名画を年末年始にまとめてチェックしよう」という特集タイトルもありえます。

「シンプルな言葉」は大賛成です。複雑な言葉、難解な言葉を使っていては、「伝えたいこと」を瞬時に伝えることはできません。ただし、シンプルな言葉ほど、人によって、受け取りかたが違ってきます。言葉のぶれ幅を意識して、伝えたい意味やニュアンスが正しく伝わるように注意しなければなりません。

惹句は、言葉を吟味してつくるものですが、じつは原石のように発見されるのを待っている気もします。魅力を瞬時に正しく伝える言葉、コンテンツにぴたっとフィットする言葉を磨き出すことができると、価値が何倍にも高まります。

実際には、目の前の言葉を、いろいろな方法で置き換えてみて、ぴたっとフィットする言葉を選び、組み合わせを吟味していきます。○○さんのインタビューで純朴な人だなぁと感動し、それを〝売り〟にすると決めたあと、「純朴」という言葉を吟味し、コメントを引用した「バカ正直」に置き換えた作業です。

次から、言葉を置き換える考えかたをいくつか紹介していきます。これらは、言葉の技術として捉えるよりも、考えかたの〝引き出し〟として知っておくと便利です。言葉の技術は、リストにして持っていても、なかなか使えないものです。それより、「伝えたいこと」を追求して、〝売り〟を明確にした時に、それを表現する技術として、「ああ、そうだ」と思い出せるようにしておくほうが、ずっと使いこなすことができるでしょう。

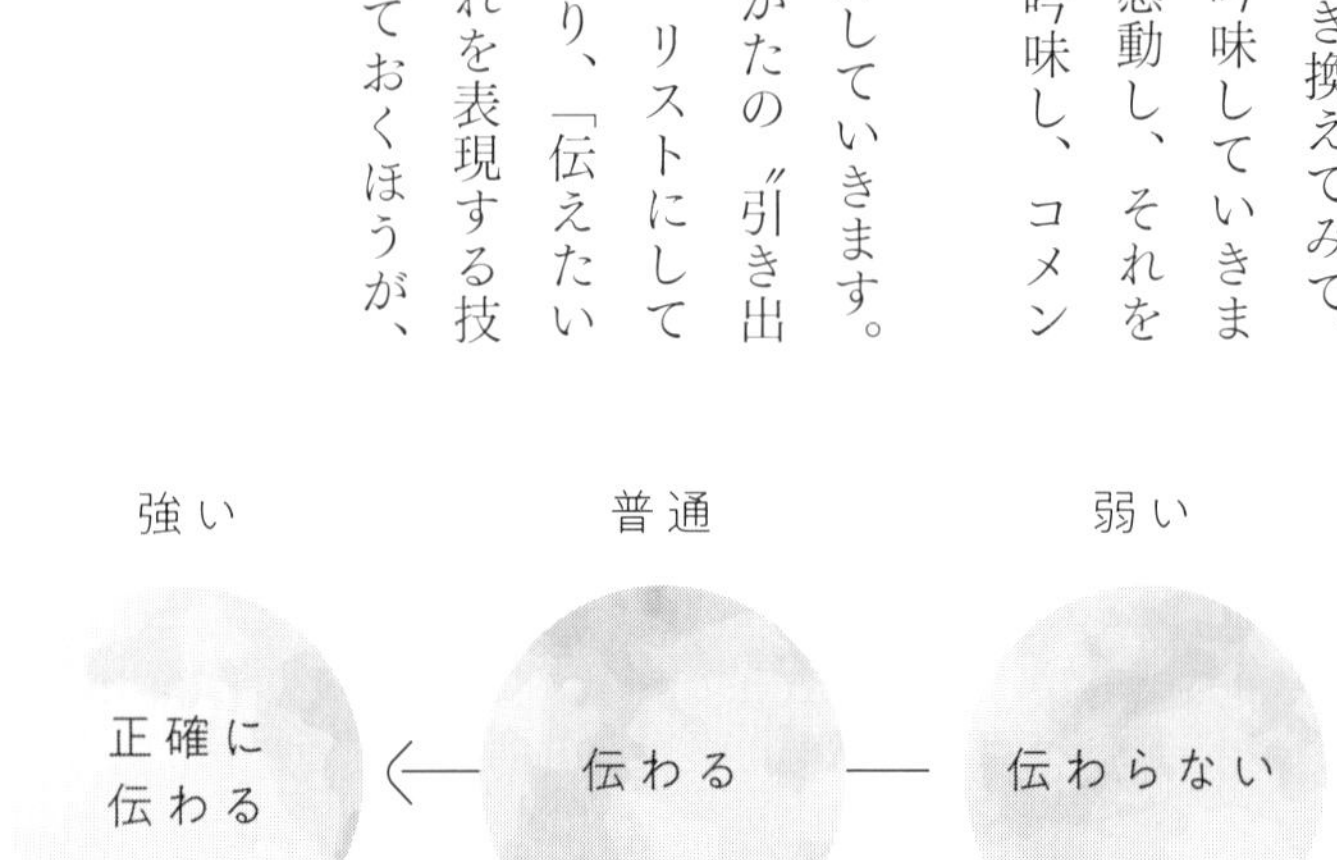

話し言葉にはつい共感したくなる

すべての書き言葉には、書き手と読者がいます。その関係性をそのまま表すのが、「話し言葉」です。

面と向かって話し掛ける「対話型」、読者の隣に立つ「寄り添い型」、読者になりきる「なりきり型」の3種類があります。

話し言葉は感情移入しやすいので、どの型を選んでも、見た瞬間に自分事として興味を持ってもらえます。

たとえば、『君たちはどう生きるか』（吉野源三郎／岩波書店）といわれれば、自分の核心を問われているようで、ドキッとしますよね。『ａｎａｎ』の特集タイトル「知らないと恥をかくぞ」（１９８４年6月1日号／マガジンハウス）も、『Ｐｅｎ』の「バスキアを見たか。」（２０１９年10月1日号／CCCメディアハウス）も、自分の無知を指摘されたようでドキッとします。これらは対話型です。

『週刊プレイボーイ』の「コロナ夏《か》みんなどうしてた？」（2020年9月14日号／集英社）は、寄り添い型です。友だちに聞かれたように、「いやー、まいったよー」と話したくなります。

『JJ』の「私たちは、もっとあざとく生きていい。」（2020年6・7月合併号／光文社）も連帯感が感じられます。「そうなの？」「あざとく？」と聞き返したくなります。『ニコ☆プチ』の「ぶちアゲ冬私服100体いっちゃお〜!!」（2020年12月号／新潮社）も、友だち感覚で元気炸裂《さくれつ》です。

『BRUTUS』の「なにしろ赤ワイン好きなもので。」（1997年6月15日号／マガジンハウス）はどうでしょう。なりきり型の話し言葉です。

「なにしろ赤ワイン好きなもので、ベストワインを教えてください」、「なにしろ赤ワイン好きなもので、ツウに見られたいんですよ」、頭を掻《か》きながら、「はい、そうです、なにしろ赤ワイン好きなもので」という、さまざまな会話シーンが浮かびます。**多くの赤ワイン好きはこのタイトルだけで、〝自分事〟に思うでしょう。そして自分の知りたい情報が載っているだろうと興味を抱くわけです。**

JR東海のキャッチコピー『そうだ　京都、行こう。』も、なりきり型の絶妙な話し言葉です。「そうだ」と思い立って、「京都、行こう」とつぶやく。「京都へ行こう」でも「京都に行こう」でもないところに、本当にそうつぶやいているような話し言葉のリアリティがあり、印象に残ります。

『STORY』の「『服、めんどくさい…』が、40代のオシャレを発明する！」（2020年2月号／光文社）は、「服、めんどくさい…」の部分でなりきり型を使いつつ、対話型で語り掛けています。「服、めんどくさい…」と一度でも思ったことのある人は、すぐ共感します。そして、40代のオシャレの発明に思いっきり期待します。

ちなみに、70年代の『anan』（マガジンハウス）のテーマタイトルは、話し言葉のオンパレードでした。

・パリではみんな皮にとびついているようヨ（1970年5月20日号）
・せーのー!! アッハッハッ……ニューヨークで集めてきた服（1971年3月5日号）
・でーす。でーす。チビデブでーす。（1971年5月20日号）
・パン屋をさがすなんてもう古い。自分で作らにゃ。（1972年5月5日号）
・江ノ電は電車だ。世界一ちっちゃこい電車だ！（1972年5月5日号）
・春だというのに、キスもまだなんて　一《いち》、しちゃお！（1972年5月5日号）

アッハッハッって、めちゃくちゃ愉快ですよね。どれも書き手の勢いあふれる言葉に、たとえ、パンづくりに興味がなくても、とりあえず記事を読みたくなります。友だちが、「江ノ電って、すごくかわいいの」と話し掛けてくれば、聞きたくなるのと同じです。

こうして見ると、話し言葉には、伝えたい気分が如実に表れると思いませんか。

『BRUTUS』の「なにしろ赤ワイン好きなもので。」の場合、「伝えたいこと」は赤ワインの特集だということです。さらに話し言葉は、読んだ瞬間に気分を呼び覚まします。それは、赤ワイン好きという虚栄心かもしれないし、白ワインじゃなくて赤だというこだわりかもしれない。話し言葉には、言葉にならない気分を伝え、読者を巻き込む力があるのです。

ちなみに70年代のテーマタイトルをたくさん載

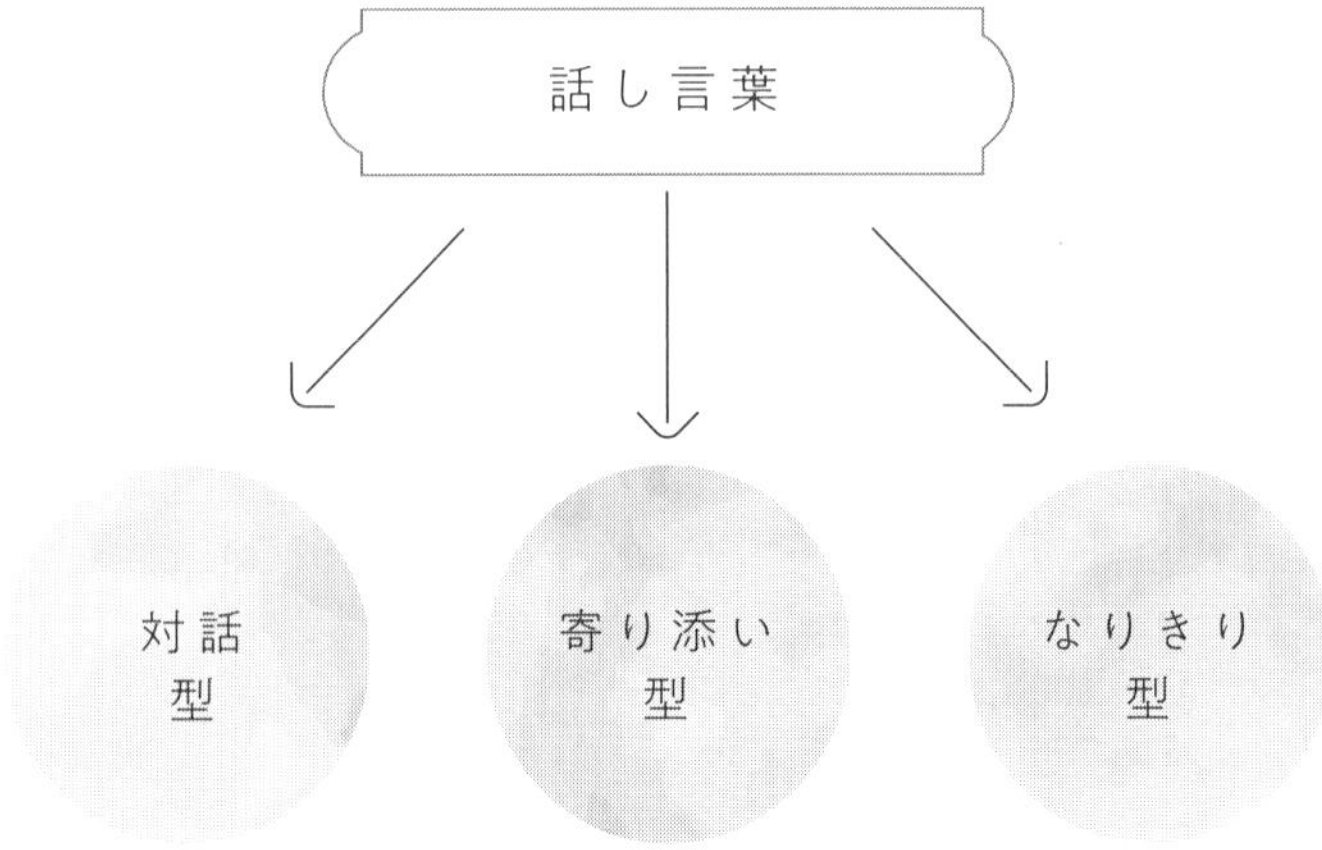

せましたが、雑誌のタイトルは、80年代、90年代に秀逸なものが多く、本文中にいくつか引用しています。それらはいまでも、というより、いまこそ役に立つもので、実際に当時のタイトルは現在も定番タイトルとして使われています。

知名度80％が流行語の使いごろ

話し言葉のなかでも、「流行語」、新語、ネット用語を使う時は注意が必要です。注意したい理由の1つ目は、読者が意味をわからない可能性が高いからです。流行語を使ったからといって、それだけでキャッチーになることはありませんし、キャッチーでもなく、意味もわからなかったら本末転倒です。

私の肌感覚としては、対象読者の80％ぐらいが言葉の意味を知っているものは使ってもいいかなと思います。60％ではわかるタイトルにならないし、90％まで行くともはや新鮮さがありません。80％というのは、けっこう寝かせる必要があり、この本を読んでいる人からしたら、少し古いと感じるぐらいのタイミングでしょう。

たとえば、いまなら、「推《お》し」「サブスク」などでしょうか。年末の新語・流行語大賞にノミネートされたあとぐらいが目安です。なので、「お、この言葉、使いたい」と思う流行語があっても、80％の人が意味を正しくわかるまで寝かせて、じっと待つことです。

同じ理由で、流行語でも初見で意味のわかるもの、造語の類いは、すぐに使ってもいいと思います。2つの言葉を掛け合わせた造語、「インスタ映え」「神対応」「にわかファン」などです。

注意したい理由の2つ目は、流行語だけに、古くなるのも早いということです。webコンテンツなど、何年も読まれるものに流行語を使うと、それだけで色褪《あ》せてしまいます。たとえば、いま、2019年の新語・流行語大賞、「ONE TEAM」と使われているタイトルがあれば、それだけで古く感じるはずです。

毎年思うのですが、レコード大賞や流行語大賞をとると、12月31日でリセットされ、1月には急に古く感じたりしませんか。大賞をとらない言葉は、意外と翌年以降も定着して、広辞苑に載ることもあります。先ほど、流行語大賞にノミネートされたあとが目安といいましたが、本当は、翌年になって言葉が定着し、用法が広がっていくのを見届けてからでも遅くないかもしれません。

注意したい理由の3つ目は、ややもすると言葉が下品になってしまうことです。話し言葉ならば、それほど気にならない語感も、文字にすると安っぽく、品がなくなってしまうことは多々あります。「タピる」「〜じゃね?」「ヤバい」など、若者の話し言葉は特に注意が必要です。

80%ぐらい、充分に認識された流行語を上手に取り入れている雑誌の特集タイトルを挙げてみました。すべて2020年に出版されています。
・〝推しのニット〟と過ごす冬♥(『MORE』/12月号/集英社)
・人生を楽しくする推しゴト(『GINGER』/6月号/幻冬舎)
・〝自分ファースト〟で選ぶ2020with「OL大賞」(『with』/12月号/講談社)
・みんなのお部屋&映えインテリア、見せて!(『smart』/11月号/宝島社)
・ガチで買ってよかった大賞(『mini』/2月号/宝島社)
参考のために、一般層には60%以下、読者には80%以上の認識と思われる流行語をあえて取り入れ、わかる読者には、より響くことを狙ったパターンも紹介します。こちらもすべて2020年に出版され、ティーン誌ばかりが並びます。
・今どきモテる女のコを徹底解剖♡「エモ女子」と「ぴえん女子」どっちが好き?(『Ray』/12月号/主婦の友社)
・STar㋲7の#冬コーデ(『Seventeen』/11月号/集英社)
・POPがJKの〝新しい生活様式〟を新提案~ウチらの青春はウチらで守る!(『Popteen』

／8月号／角川春樹事務所）
・この顔、かわいすぎて涙♡うるキラぴえんメイク♡（『ｎｉｃｏｌａ』／7・8月合併号／新潮社）
・マスク焼けも肌あれもこわくない！ビハクノマスクとニキビデキナイノマスク（『ｎｉｃｏｌａ』／7・8月合併号／新潮社）

最後のタイトルはアベノマスクのパロディで、思わず笑ってしまいました。「流行語」が時代の空気感をダイレクトに反映してくれることはたしかですね。

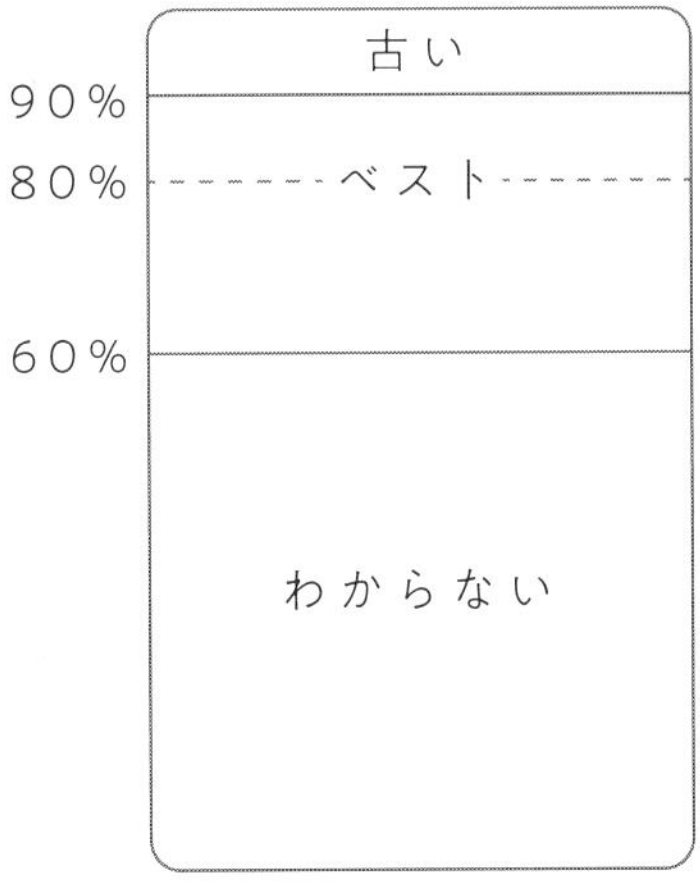

ありふれた言葉を新鮮にするのが造語

「インスタ映え」「神対応」「にわかファン」など、初見で意味のわかる流行語は、すぐに使ってもいいと言いましたが、これらは「造語」の流行語です。

造語というのは、「インスタ（グラム）」と「映え（る）」を組み合わせて、「インスタ映え」という惹句をつくること。合成語ともいいます。

もとの言葉の意味がわかるので応用もしやすいのが特徴です。たとえば、「インスタ映え」は、またたくまに「ＳＮＳ映え」「Ｚｏｏｍ映え」「映えスポット」「映え○○」と応用されていますが、どの言葉もすぐに意味がわかります。

言葉の賞味期限が見えなくて、使うタイミングの難しい流行語より、むしろこの造語には、積極的に挑戦してみてほしいと思います。とはいえ、やたらと造語を取り入れればいいわけではなく、「これも言いたい、あれも言いたい」という時や、「言葉が普通すぎて平凡」という時に、造語という手段を選択肢に入れてほしいのです。

造語には3つのパターンがあります。足し算と掛け算と引き算です。

あまりにも普通すぎる言葉、ありふれた言葉には、言葉を足して引っ掛かりをつくります。たとえば「ダイエット」という、そのままでは意識に留めず読み流してしまう言葉に、足し算をします。「ダイエット法」「ダイエット術」「超ダイエット」「神ダイエット」という具合です。言葉に接頭語（不〇〇、お〇〇、ご〇〇）をつけたり、接尾語（〇〇的、〇〇性、〇〇さ）をつけたりしたものを、派生語といいますが、その感覚です。

掛け算は、2つの言葉を掛け合わせる複合語（「カレーライス」、「緑茶」、「洗い流す」など）の感覚です。「Magazine（雑誌）」と「Book（書籍）」を掛け算した「Mook（ムック）」も複合語です。

「これも伝えたい、あれも伝えたい」という時に、「これ」と「あれ」を組み合わせるだけです。「体幹ダイエット」「雨の日ダイエット」「王様ダイエット」など自由につくれるので、造語というハードルは低いと思います。

コツは、異質な言葉を掛け合わせること。「こども店長」、「草食男子」、「投資シューズ」（『VERY』／2020年10月号／光文社）、「足元スタメン」（『VERY』／2020年12月号／光文社）、「クローゼットDiet」（『STORY』／2020年8月号／光文社）などです。異質な言葉を掛け合わせると、その違和感でキャッチーになります。また、異質なものにたとえることで、わかりやすくなります。

雑誌には時代ごとに、掛け算に使われやすい言葉があります。90年代ならば、たとえば「達人」。「料理の達人」「アイメイク達人」「スープ達人」……、ありとあらゆるところで使われました。その後は、「○○ガール」「○○女子」……、いまなら、「賢人」ですね。「美容賢人」「おうち時間の賢人」「着回し賢人」……、いくらでも使えそうです。

引き算は、言葉の省略・短縮です。じつは、引き算の造語は雑誌のもっとも得意とするところです。

「アラサー」「イケメン」「婚活」「エロかわ」……。これらは、「アラウンド・サーティ」「イケてるメンズ」「結婚活動」「エロティックでかわいい」の略。それぞれ、「アラフォー」「アラフィフ」、「イクメン」「イケダン」、「朝活」「妊活」、「ナチュかわ」「盛りカワ」など、すべて応用できます。

造語は言葉を新鮮にしてくれる、基本技術のひとつです。そして、文字で見ることでわかりやすいという、書き言葉のアドバンテージもあります。

会話で中高年が「シュウカツしてるんだけど」と切り出しても、「就活」なのか「終活」なのかとっさにはわかりませんよね。「彼、イケメンで」というのも、「イケメン」か「イクメン」か聞き返すかもしれません。

ティーン向け女性ファッション誌では、モデルのことを㋲と表記したり、特集タイトルに絵文字を使ったりします。そこまでしなくても、書き言葉のアドバンテージである造語を大いに活用してください。

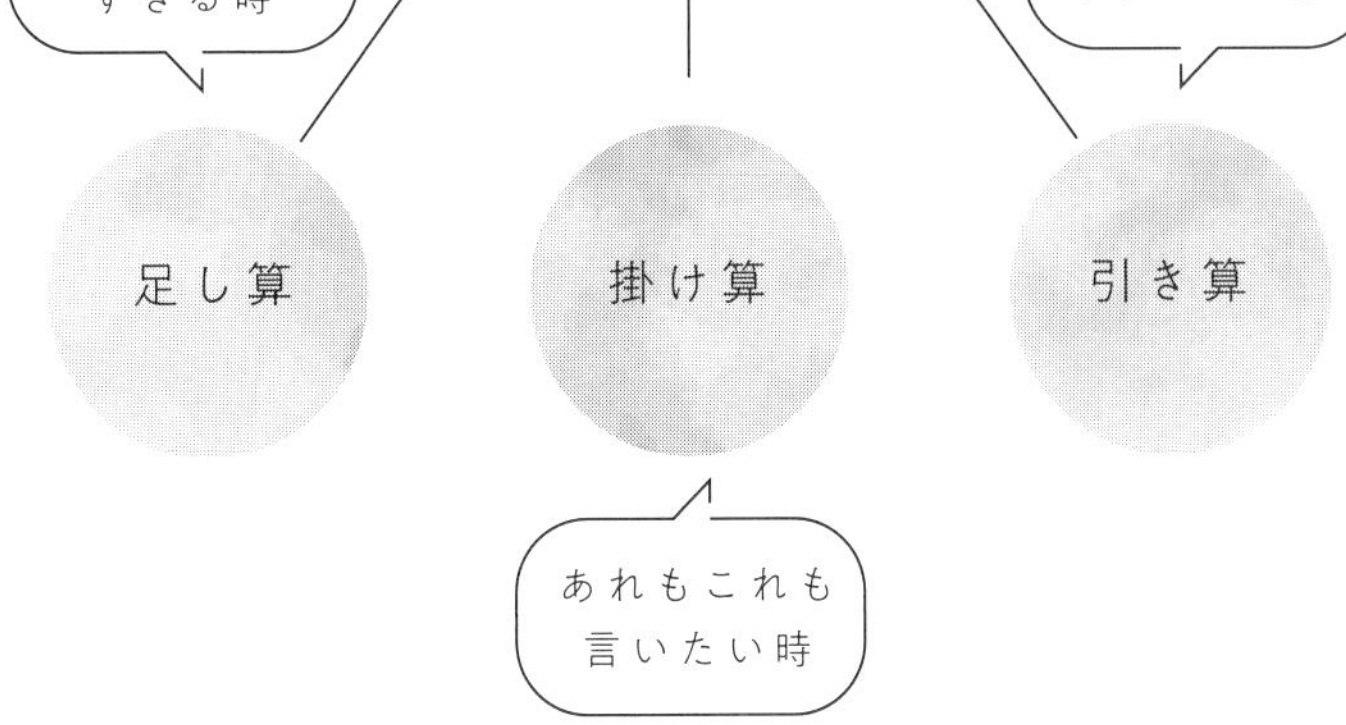

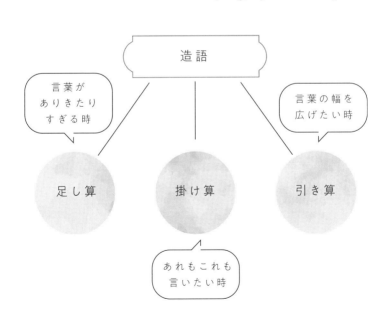

ニュアンスを伝えるオノマトペ

造語のなかでも取り組みやすく、効果抜群なのが「オノマトペ」です。オノマトペには、ものが発する音を文字にした擬音語と、状態や感情を文字にした擬態語があります。

「ワンワン」、「ガチャン」、「パチパチ」、「ドカン」といった言葉が擬音語、「たっぷり」、「じろじろ」、「そよそよ」、「ぎゅっ」といった言葉が擬態語です。日本語は「オノマトペ」、特に擬態語が充実している言語だといわれています。

歩きかたを表現する擬態語「○○○○歩く」の○に入る言葉を挙げてみてください。「ふらふら」「すたすた」「うろうろ」「てくてく」「いそいそ」などですね。

「食べる」と「笑う」の擬態語も挙げてみてください。例は最後に出しておきます。

オノマトペは、伝えたいニュアンスを表すのにとても便利で効率のいい技術です。**たとえば、「いそいそ歩く」をオノマトペを使わずに説明すると、「うれしいことがあって、歩いていても心が浮き立って、動きが弾んでいる様子」とでもしなければなりません。**それでも、「いそいそと歩く」のほうがずっとニュアンスが伝わりませんか。

ニュアンスのなかでも、特に五感を表すのが得意です。視覚、聴覚、嗅覚、味覚、触覚の五感を効率よく表せます。

見る様子を表すオノマトペは、「じろじろ」「ちらちら」「じーっと」「うっとり」などです。見たものの様子を表すオノマトペは、「ぎらぎら」「キラキラ」「ピカピカ」「はんなり」「しっとり」「ツヤツヤ」「ちょっぴり」……、いくらでも出てきます。言葉のなかに、五感を盛り込むことは、いつも意識したいポイントです。

さて、オノマトペの造語について、説明しましょう。まず、オノマトペ自体を意外と簡単につくることができます。「歩く」のオノマトペをつくってみましょう。「すすすすすーっと歩く」「ずったらずったら歩く」「さくっと歩く」……。初見でも意味やニュアンスが通じますよね。

泣くさまを表した「ぴえん」がいい例です。「びえーんと泣く」をかわいく言い換えた「ぴえん」が、いまでは独立して、泣くことを意味するようになっています。

よく使われる「オノマトペ」に足し算の造語もできます。「ぷるぷる」に足し算をして、「ぷるっぷる」「ぷるっ」「ぷるんぷるん」「超ぷるぷる」などです。

オノマトペ同士の組み合わせ、掛け算の造語もできます。「ゆるふわ」「ツヤさら」「うるうるモチモチすべすべ肌」などです。

オノマトペ自体を造語しなくても、オノマトペを異質な言葉と掛け合わせると、やはり簡単に新鮮な惹句がつくれます。「ふわっと瞑想」「ぴょんぴょん投資」「ちゃっかりダイエット」……。

『伝えたいこと』は盛り込まれているのに、どこかニュアンスが足りない」「シズル感がほしい」という時にはぜひ、オノマトペを考えてみてください。

ちなみに、「食べる」の擬態語は、「ぱくぱく」「がっつり」「むしゃむしゃ」「もぐもぐ」「ぱくり」「ガツガツ」「ぺろり」など、「笑う」の擬態語は、「ニコニコ」「にっこり」「ニヤニヤ」「ゲラゲラ」「クスクス」「どっと」「にんまり」などですね。では、次は、「食べる」「笑う」の「オノマトペ」造語も考えてみてください。

和語を使うとはんなり感があふれ出す

惹句は単純に強い言葉のことではなく、あくまで、「伝えたいこと」にフィットする言葉だと言いました。ということは、時として、優しい言葉が強い言葉より惹句になります。その代表が「和語」です。

和語は、大和言葉《やまとことば》ともいわれ、中国から伝来した漢語や西洋からの外来語に対し、日本固有の単語を指します。ざっくりいうと訓読みの熟語は和語、音読みの熟語は漢語で、「歩く」「横歩き」が和語、「歩行」が漢語です。

幕末以降、明治時代に西洋から入ってきたさまざまな概念に翻訳の熟語が当てられました。「思想」「哲学」「自由」「観念」「意識」「理論」……。個を重んじる西洋の概念なので、それ自体、強いニュアンスがあります。これらの和製漢語も含め、漢語は概念的で難解な傾向があります。

カタカナで表記される外来語も最近はますます増えてきました。「ベンダーからプロジェクトにコミットした人をアサインしてアウトソーシングすればいい。イノベーションのオポチュニティだから、インバウンドでコスト削減するのはアグリー」みたいな会話が飛び交います。「ソーシャル・ディスタンス」「オーバーシュート」「ロックダウン」「クラスター」のように、コロナ関係の言葉もカタカナが多かったですね。

こういった難解な漢語やカタカナ外来語を、和語に置き換えられないか考えてみると、印象をガラッと変えられます。

たとえば、「ホテル」（外来語）、「旅館」（漢字熟語）の和語は、「宿」「宿屋」です。「いま訪ねたい温泉の、お宿」は、「ホテル」や「旅館」より、むしろ新鮮で、はんなり感があると思いませんか。

フルーツや果実より、くだもの。フルムーンや満月より、もちづき。テイストや風情より、おもむき。ケアや配慮より、心配り。スタートや開始より、始める。ハッピーや幸福より、幸せ。

漢語が男性が使う言葉とされていたのに対して、和語は女性や子どもが使う言葉でした。**だから和語のほうが、誰でも意味のわかる言葉です。そして、漢語より古い言葉でもあるので、かえって新鮮に感じるという意味で、多くの和語がキャッチーにもなります。**

そして和語は、季節を表す季語もとても充実しています。日本人は四季折々、自然を愛《め》で、自然と共にあったことが、よくわかります。季節感を忍ばせたい時は、季語から探してみるのがいいと思います。

二十四節気《にじゅうしせっき》という旧暦の言葉では「立春」「啓蟄《けいちつ》」「春分」「夏至」「大暑」「秋分」「小雪」「冬至」などが、いまでも一般的に使われていますよね。

ほかにも、春を表す「うららか」「春雷」「春眠」「かげろう」「夜桜」、夏を表す、「朝焼け」「炎暑」「炎天下」「打ち水」「涼風《すずかぜ》」、秋を表す「秋晴れ」「いわし雲」「夜長《よなが》」「名月」「虫しぐれ」、冬を表す「風花《かざばな》」「木枯し」「小春日和」「冬将軍」「空《から》っ風《かぜ》」など、現代でも意味の通じる言葉がたくさんあります。

ちなみに、和語はもともとひらがなで、後に漢字を当てられた歴史があります。「かく」は「書く」「描く」と当てられますが、もともとは縄文土器に「引っ掻いて」模様をかくところから来ているそうです。漢字を当てることで、もとの意味が失われたり、意味が限定されることを憂いている学者もいます。

私たちが言葉をつくる時にも、あえて和語をひらがなにして、意味を膨らませることもできます。この本でも、言葉や惹句を「作る」「造る」ではなく、「つくる」にしています。

思わず目に留まるメタファーと擬人化

シンプルな言葉ほど、意味やニュアンスの受け取りかたにぶれ幅があると言いましたが、ぶれ幅を小さくし、「伝えたいこと」を正確に届ける王道の方法は、なんといっても比喩《ひゆ》です。

比喩とは、たとえのことですが、具体的なたとえを出すことで、がぜん言葉がわかりやすくなります。**なかでも積極的に使いたいのは、「メタファー」と「擬人化」です。**

メタファーは、「パプリカはフルーツだ」「退屈で死んでいました」「彼は天使です」と、言い切る方法です。パプリカという野菜をフルーツにたとえているわけです。暗喩《あんゆ》、隠喩《いんゆ》ともいわれます。

「パプリカはフルーツのように甘い」「死ぬほど退屈していました」「彼はまるで天使みたいな人です」のように、「まるで」「あたかも」「さながら」「ような」「ごとく」「みたいな」などの言葉を伴う直喩《ちょくゆ》、明喩《めいゆ》に対する技術です。メタファーは直喩より強く、目を惹く言葉だと思いませんか。

定義を説明しただけではわかりにくいと思うので、「人生は○○だ」の○○に入れるメタファーを考えてみてください。「人生」という言葉を考えた時に、「伝えたいこと」を象徴するほかの名詞があったら、それがメタファーになります。最初は「人生は○○のようだ」「人生は○○みたいだ」と直喩で考えてみましょう。そのあとに「のよう」「みたい」を削除します。

「人生はマラソンだ」「人生は1冊の本だ」「人生は水面《みなも》の泡だ」と、いろいろ出てきます。

「メタファー」で有名なのは、岡本太郎の名言「芸術は爆発だ！」ですね。雑誌の特集タイトルにも頻繁に使われています。

・ヒロインが大渋滞（『ｎｏｎ－ｎｏ』／２０２０年７・８月合併号／集英社）

・モードは共感力（『ＳＰＵＲ』／２０２０年12月号／集英社）

・このときめきは宝物♡（『ｗｉｔｈ』／２０２１年1月号／講談社）

もうひとつおすすめの比喩、擬人化はものを人にたとえます。「個性豊かなケーキたち」「ケーキが笑い掛けてくる」という表現から、「こんにちは、ケーキです」「ケーキちゃんとクッキーくん」まで、呼び掛けたり敬称をつけたりするだけでも、擬人化になります。

感情を持ち行動する人にたとえることで、ものに生命力を与えます。ものが人になるわけですから、読者にとっては親近感や共感を抱く対象になります。次に紹介するのは、擬人化を使った雑誌の特集タイトルです。

・メキシコが呼んでいる！（『ＰＯＰＥＹＥ』／２０１９年８月号／マガジンハウス）

・お腹の脂肪が減る「美筋肉の育て方」（『からだにいいこと』／２０２０年10月号／祥伝社）

・今からでも！「育ちのいい肌」（『美的』／２０２１年１月号／小学館）

メキシコに呼ばれれば行きたくなりますよね。美筋肉や肌を育てるという擬人化は、筋肉や肌を愛しながら大切にケアしましょうというメッセージが伝わります。どれも意味がわかるし、キャッチーでもあります。

メタファーも擬人化も、一瞬の違和感を生むことで、逆に「ん？」と惹きつけられる言葉をつくる技術です。

第2章

一瞬で読みたくなる言葉のつくりかた

漢字・ひらがな・カタカナ、どれ使う？

日本語には、漢字とひらがなとカタカナがあります。それらのバランスには、いつも気を配りたいものです。

ためしにひらがなだけがつづくことばをみてみてください。どこできれるかわからないしとてもよみにくいです。ひらがなはやさしいいんしょうですがみためがたんじゅんでにています。

見た目が単純で似ているひらがなのなかに角ばった漢字があると、メリハリが生まれて、見たらすぐに読めるのです。漢字には見た目の強さに加え、文字自体が意味を持つという強さもあります。一方、ひらがなは文字単体では音だけを表すので、瞬間的に意味がわかるようにするには、前後に漢字が必要です。

ひらがなが漢字を引き立てる性質を利用して、いちばん「伝えたいこと」を漢字に、そのほかをひらがなにすることもできます。

もちろん、漢字と漢字、カタカナとカタカナが続くのも読みにくくなるので、どちらかをひらがなにしたり、語順を換えたり、読点(、)を打ったりしましょう。

『ａｎａｎ特別編集　ダイエット総集編２０１３』(マガジンハウス編/マガジンハウス)の特集タイトルも、「あなたにいちばん効くダイエット法を探せ!」か、「あなたに一番効くダイエット法を探せ!」かで迷いました。前者だと「あなたにいちばん」とひらがなが続き、後者だと「一番効く」と漢字が続きます。「いちばん」という言葉だけを見ると、「一番」と漢字で書くほうが意味が強まるでしょう。でも、「効く」を際立たせるために、あえてひらがなの「いちばん」にしました。

言葉単体を見て、なんとなくひらがなにしたり、なんとなくカタカナにしたりするのではなく、前後の言葉と全体を見て決めましょう。

ひらがなは音を表すだけで意味を持たない、という性質を利用することもできます。「書く」「描く」とせず、「かく」とすることで、意味を膨らませる使いかたです。

コピーライターの糸井重里さんは、ひらがな遣いの名手です。日産自動車セフィーロの「くうねるあそぶ。」、映画『となりのトトロ』の「このへんないきものは、まだ日本にいるのです。たぶん。」、『魔女の宅急便』の「おちこんだりもしたけれど、私はげんきです。」などのキャッチコピーがよい例です。

「食う寝る遊ぶ」だったら漢字が表す意味通りに受け取りますが、ひらがなになっていることで、「くう」も「ねる」も「あそぶ」もそれぞれ意味が膨らみます。そして、それらが一体となった「くうねるあそぶ」という新しい動詞が、読者に世界観を想像させます。

雑誌の特集タイトルでも、ひらがな遣いはよくあります。
・〝じぶんのじかん〟〝かぞくのじかん〟（『Ｄｏｍａｎｉ』／２０２０年12月号／小学館）
〝自分の時間〟〝家族の時間〟という表記だと漢字通りの意味ですが、ひらがなにすることで漢字の持つ意味を手放しています。つまり新しい言葉になるわけです。そのうえで、コロナ禍の時間の過ごしかたを改めて考えようという提案になっています。優しいひらがな遣いで、穏やかなニュアンスも加わってきますよね。
・さいこー可愛い冬服にきゅんですっ（『Ｖｉ Ｖｉ』／２０２０年12月号／講談社）
この「さいこー」は、「最高」や「さいこう」より、話し言葉の雰囲気が活かされている表記です。「最高可愛い」にすると漢字が続きますし、「最高かわいい」だと「かわいい」より「最高」が強くなってしまいます。ひらがなが並ぶなかに「可愛い冬服」と漢字が浮かぶバランスが計算されています。

漢字の持つ意味を手放し、音の意味を膨らませる効果はむしろ、ひらがなよりカタカナのほうが大きいかもしれません。ひらがなよりカタカナのほうが使う頻度が少ないぶん目立つからです。

『Ｔａｒｚａｎ』では「体」を、「身体」でも「からだ」でもなく、「カラダ」とカタカナで表記しています。カラダの雑誌で、カラダについて広く詳しく扱っていることを強調しているわけです。体と表記していたら読み流してしまうところ、カタカナにするといちいち目が留まり、そのたびにカラダを意識します。あなたが思っている見慣れた漢字の体と、違う意味を持つカラダですよと訴え掛けるのです。

このように強調したい言葉をカタカナで際立たせ、意味を再認識させる手法も雑誌の得意技です。

・〝スーツでモテる〟のホントのトコロ（『ＬＥＯＮ』／２０１９年11月号／主婦と生活社）
・言葉のチカラ。（『ａｎａｎ』／２０２０年９月23日号／マガジンハウス）
・熱狂のカタチ。（『ａｎａｎ』／２０２０年９月30日号／マガジンハウス）
・オシャレで摑む！「40代からのシゴトとミライ」（『ＳＴＯＲＹ』／２０２０年12月号／光文社）

・フツウの日に着るときめき服（『２５ans』／２０２０年12月号／ハースト婦人画報社）

カタカナできゅっと際立たせることで、見慣れた漢字の、それとは違う意味を持つことを暗示し、読者がどんな意味を持つのか知りたくなる言葉にしています。

言葉を強調するには記号が活躍

漢字とひらがなとカタカナのバランスにこだわったら、実際に使うフォントで、見えかたを確認することも大切です。**カタカナで強調したつもりでも、フォントによってはひとまわり小さく見えることもあります。**言葉を個別にデザインできる場合であれば、フォント、サイズ、文字間のアキ具合を調整しましょう。改行したり、文字色を変えたりすることもできます。

個別にデザインできない場合は、記号が活躍してくれます。具体的には、句読点、「カギかっこ」、疑問符などです。

まず、句読点について説明します。ひらがなが続いて読みにくい言葉も「ためしに、ひらがなだけが、つづくことばを、みてみてください」と読点（、）を打てば読みやすくなります。ですが、ブツッ、ブツッと切れてしまうので、リズムがよくありません。読点は息つぎのサインなので、タイトルやキャッチコピーでは多用せず一気に読める言葉にしたほうがいいと思います。

あえて読点を入れる時は、息つぎをさせたいところ、つまり強調したい言葉の前後に打ちます。『ＢＲＵＴＵＳ』（マガジンハウス）の「ことば、の答え。」（２０１９年8月15日号）と「恋の、答え。」（２０２０年11月1日号）を比べると、息つぎのサインという意味がよくわかります。

少し話が逸れますが、読点を打たずに読みやすくする工夫として、分かち書きをしている例も見掛けます。分かち書きとは「ためしに　ひらがなだけが　つづくことばを　みてみてください」のようにスペースを空けることです。全角ぶん空けるのではなく、半角以下のスペースを空けているものが多いです。

この分かち書きは、できることなら避けたほうが賢明。データ化される時やネットに転用される時には、空けたところを詰められてしまうことが多いからです。日本語としても正しくないので、おさまりもよくありません。分かち書きをしなくても読みやすいよう、漢字、ひらがな、カタカナのバランスを考えたほうが得策です。

句点（。）は、文の終わりに使います。名詞に句点を打つ決まりはないのですが、あえて句点を打つことで、言葉そのものが強調されます。文の終わりのように、断言する感じが出るのです。雑誌の特集タイトルも気をつけて見てみると、句点を打っているものと、ないものがあります。どちらも強いこだわりがあるはずです。

前述の『ａｎａｎ』の「熱狂のカタチ。」と「言葉のチカラ。」、『ＢＲＵＴＵＳ』の「ことば、の答え。」と「恋の、答え。」も、名詞のあとに句点をつけています。短い言葉を断言することで、ある種の強さが出ています。

次に、カギかっこも、とても有効な記号です。強調したい言葉に使うことで、簡単に目立たせることができます。

・ワクワクのための「ちょい貯め」はじめよう！（『Ｍａｒｔ』／２０２０年5月号／光文社）

・Ｊマダムの秋は「品格ワンツーコーデ」で決まる！（『ｅｃｌａｔ』／２０２０年11月号／集英社）

・２０２１年ＶＥＲＹモデルたちの「私ファースト」でいこう‼（『ＶＥＲＹ』／２０２１年2月号／光文社）

どのタイトルも、造語を強調するためにカギかっこを使っていますね。**カギかっこを外してしまうと、造語がまとまりを失い、ほかの言葉に埋もれてしまいます。〝〟も同様です。**

最後に、もっとも簡単に言葉を強調できる記号が、感嘆符「！」と疑問符「？」です。便利なのでつい使いたくなりますが、多用しすぎると効果も薄れます。感嘆符や疑問符に頼るのは最後の仕上げの手段です。

語呂がいい言葉は口にしたくなる

つくった言葉は口に出して読んでみてください。

「めんどくさい」「恥ずかしい」という人が多いのですが、必ず音読しましょう。

音読してわかるのは、見てすぐパッと読めるかどうかです。読みづらいところがあれば、漢字とひらがなとカタカナのバランス、読点の位置などを音読しやすいように調整します。読点は息つぎのサインなので、読んだ時のリズムを決めてくれます。見た目のバランスと同じぐらい読んだ時のリズムは大切です。

日本語のリズムは、「手拍子」「三三七拍子」の「拍子」、「拍《はく》」で捉えます。1つの音が1拍です。たとえば「1、2、3、4……」は、「イチ、ニイ、サン、シイ……」と、それぞれ2音、つまり2拍で数えます。

「イチ、ニイ、サン、シイ……」の「ニイ」や「シイ」を2拍と数えるように、「ニー」「シー」も2拍です。「切った」「張った」はどちらも3拍、小さい「っ」は1拍と数えます。この小さい「っ」を促音《そくおん》といいますが、即音も軽快なリズムをつくる要素になります。

きゃ、きゅ、きょのように、小さい「ゃ」「ゅ」「ょ」や、小さい「ぁ」「ぃ」「ぅ」「ぇ」「ぉ」が入る時は、前の字と一緒に、「きゃ」「ふぁ」で1拍と数えます。

「起きる、走る、遊ぶ」は、3―3―3拍。「うれしい！たのしい！大好き！」（DREAMS COME TRUE）は、4―4―4拍。このように、同じ拍の言葉を繰り返すとリズムがよくなります。

「七五調」と呼ばれる、7―5拍も、リズムがいい組み合わせです。「七五調は古い」という人もいますが、必ずしも俳句のように五七五にする必要はなく、5―7拍でも7―5拍でも、5拍単体や7拍単体でもリズムが整います。**前述の「言葉のチカラ。」**（『anan』／2020年9月23日号／マガジンハウス）、**「ことば、の答え。」**（『BRUTUS』／2019年8月15日号／マガジンハウス）**も7拍です。**

リズムと同じく重要なのが「語呂」です。語呂とは発音した時の音の続き具合、調子のことです。語呂がいいと、つい声に出して読みたくなります。語呂が悪く読みにくい場合は、言葉を言い換えるなり、なんらかの改善が必要です。

大きく話が逸れますが、80代の母と話していたら、私の話していた語呂に触発され、「バッテンボー」と歌い出したことがあります。戦後の子どもはみんな知っている、と。

どうにも気になって調べてみたら、１９４８年に制作されたボブ・ホープ主演『腰抜け二挺拳銃』という映画の主題歌「Ｂｕｔｔｏｎｓ ａｎｄ Ｂｏｗｓ（ボタン・アンド・ボウ）」の一節がそう聞こえるようなのです。

そして時は１９８１年。『タイムボカンシリーズ ヤットデタマン』では、悪党３人組が「イチジク、ニンジン、サンショの木、ゴボウに、ドロボウ、バッテンボー」と巨大メカを呼び出すのだとか。

『腰抜け二挺拳銃』を観ていた子どもが『タイムボカンシリーズ ヤットデタマン』の呪文をつくったのかもしれない。そのことをＦａｃｅｂｏｏｋに投稿したら、意外と幅広い世代の人が「僕も子どものころ、そのセリフを叫んで遊んでいた」などと反応してくれ驚きました。

私の世代だと、アニメ『魔法使いサリー』のオープニング曲「魔法使いサリーのうた」に出てくる呪文や、『ひみつのアッコちゃん』の呪文「テクマクマヤコン テクマクマヤコン ○○になれ〜」を言えない人はいないと思います。それぐらい口に出すのが気持ちいい語呂です。

語呂がいいと、80年前、50年前の言葉でも口をついて出てくるという話をしたかったのですが、すみません、話をもとに戻します。

「伝えたいこと」がきちんと伝わるうえに語呂がいい惹句をつくるのは大変ですが、音読した時に語呂がよくなるように、調整することはできます。助詞を省いたり語順を換えたりしても、「伝えたいこと」が伝わり意味が変わらないのであれば、調整するのはとてもいいと思います。

韻を踏むのも語呂がよくなります。前述の「くうねるあそぶ。」も「u-ru-bu」と語尾で「u」の韻を、「うれしい!たのしい!大好き!」も「i-i-ki」と語尾で「i」の韻を踏んでいますね。ですが韻を踏むのは少しハードルが高いので、たまたま語感や語尾が揃ったらラッキーぐらいのほうがいいかもしれません。

中身勝負の時は安定感の定型パターン

タイトルやキャッチコピーの言葉には、主語と述語の入った「文」と、形容詞などで修飾された「名詞」の2通りあります。「文」は用言（動詞、形容詞、形容動詞）止め、「名詞」は体言（名詞）止めといわれます。

たとえば、「ダイエット法を探せ」「今年こそ痩せる」というのが、主語は省略されていますが「文」です。それに対し「ダイエット決定版」「痩せる幸せ」は、それぞれ「決定版」「幸せ」という「名詞」です。

文はバリエーションをつくりやすく、アクティブで強い印象になります。キャッチコピーやタイムリーな話題、週刊誌の特集タイトルなど時事的なもの向きです。

名詞は、落ち着いて安定した印象で、保存版的な要素を感じさせます。月刊誌やムック、書籍のタイトルなど持続的なものに向いています。

文と名詞どちらもつくってみて、どちらが「伝えたいこと」を伝えられているか吟味してみてください。好みの問題もありますが、私自身は、文を選ぶことが多めです。

名詞の言葉は特に「定型パターン」のタイトルがたくさんあります。語呂と同様に読んでいて気持ちのいい、安定感が特徴です。

私は若いころ、こういう定型パターンが嫌いで、意地でもオリジナルのものを考えていました。上司は毎度、毎度、同じようなタイトルをつけて戻してくるのですが、いまは定型パターンのよさもわかる気がします。キャッチーよりわかるを優先した安定感があり、顧客層に向けて、コンテンツで勝負しているタイトルといえます。

タイトルづけに慣れていない人は、言葉に誠実に向き合ったあと、定型パターンにそのまま落とし込めないか考えてみてはいかがでしょう。企画書など会社の資料に応用すれば、それだけで、ちょっと目を惹くものになりそうです。

定型パターンの例を挙げてみます。

◯定番の名詞で「体言止め」にする

「〜の秘密」「〜宣言」「〜案内」「〜講座」「〜の本」「〜の法則」「〜術」「〜ということ」「〜名鑑」「〜の基本」「〜の品格」

○注意喚起をする言葉をつける

「発表！〜」「新〜」「超〜」「さらば〜」「決定版〜」「初めての〜」「たったひとつの〜」「世界一〜な」「あなただけの〜」「期間限定！〜」

○年度を入れて年間保存版にする

「〜2021」「令和3年版〜」

○「名詞＋数」で保存版の要素を感じさせる

「○○100」「○○47軒」「○○21連発」

○言葉を対比させたり、並列させたりする

「○○男、△△女」「〜な○○、〜な△△」「〜する人、しない人」「〜するな、〜しろ」「○○と△△」「○○と△△と□□と」

○原因、理由と結果を示す

「～すれば～する」「～したければ～しなさい」「なぜ～しないのか」

○仮定する

「もし～すれば」「もし～だったら」

○パロディに使える名タイトル

『愛について語るときに我々の語ること』（レイモンド・カーヴァー／村上春樹訳／中央公論新社）
『死ぬまでにしたい10のこと』（イザベル・コイシェ監督・脚本／2003年）
『ライ麦畑でつかまえて』（J・D・サリンジャー／野崎孝訳／白水社）
『007わたしを愛したスパイ』（イアン・フレミング／井上一夫訳／早川書房）
『世界の中心で愛を叫んだけもの』（ハーラン・エリスン／浅倉久志、伊藤典夫共訳／早川書房）
『アンドロイドは電気羊の夢を見るか？』（フィリップ・K・ディック／浅倉久志訳／早川書房）
『これからの「正義」の話をしよう』（マイケル・サンデル／鬼澤忍訳／早川書房）
『万延元年のフットボール』（大江健三郎／講談社）

『もし高校野球の女子マネージャーがドラッカーの『マネジメント』を読んだら』（岩崎夏海／ダイヤモンド社）
『限りなく透明に近いブルー』（村上龍／講談社）
『桐島、部活やめるってよ』（朝井リョウ／集英社）

雑談になりますが、『POPEYE』で、放送作家の鈴木おさむさんの初代連載担当をしていました。初めて会った時に、「なぜ、僕なんですか」と聞かれ、「深夜番組で話しているのを見て、この人の書くものは絶対面白いと思ったからです」と答えたことを覚えています。

連載当初は、『鈴木弥輪店物語』という家族のエッセイだったのですが、ある時、電話をもらいました。「森三中って知ってます？　その大島美幸と結婚することにしたんですよ。交際0日で」。「え〜〜〜!?」と思いっきり大声を編集部で張り上げました。

おさむさんは、そのまま「大島との結婚生活を綴《つづ》っていこうと思うので、タイトルは『ブスの瞳に恋してる』で」と続けたのですが、あまりの驚きで、タイトルについてなにか言った覚えがありません。

「君の瞳に恋してる」は、フランキー・ヴァリの大ヒット曲（1967）です。1982年に、ボーイズ・タウン・ギャングがカバーし、ディスコミュージックの定番中の定番になりました。恋する喜びがめいっぱいあふれた名曲です。『ブスの瞳に恋してる』は、もちろんそのパロディです。

おさむさんと話していると、こういった元ネタになりそうなものを、日ごろからたくさん頭のなかにストックしているのがわかります。

あなたも、名タイトルをストックしておきましょう。先ほど挙げたものは、何度も使われ愛されてきた、定番中の定番です。だからこそ、一般層に向けてもパロディだとわかるはず。そんな名タイトルは、まだまだあります。

常套句には読み流させる効果がある

いちばんやってはいけないことが、決まり文句を使うことです。決まり文句のことを「常套《じょうとう》句」といいますが、これだけは絶対いけません。絶対という言葉はふだんは使わないように心掛けているのですが、惹句をつくるなら、やはり絶対です。常套句は惹句の反対語といえます。常套句を使おうと思って使う人はいないと思うのですが、自然に出てくる言葉には常套句がたくさん隠れています。

たとえば、レストラン紹介で出てきがちな常套句を挙げてみましょう。「アットホームな店内」「落ち着いた雰囲気」「シェフご自慢の〜」「こだわりの〜」「口に広がる〜」「〜口どけ」「〜絶品」「〜逸品」「絶妙な〜」「〜と〜のハーモニー」「味の秘訣は〜」「〜もオススメ」「ぜひおためしあれ」などです。常套句をつなげるだけで、原稿がひとつ書けそうですね。そんな記事も普通にすらすらと読めてしまうのですが、読んだあとになにひとつ印象に残りません。

インタビューで出てきそうな常套句なら「凜《りん》としたたたずまいの〜」「〜のオーラを纏《まと》って

いる」「人気と実力を兼ね備えた」「才色兼備の」「マルチな活躍」「最近めきめきと頭角を現している」「～はほかにいないだろう」「その視線の先には～」「その横顔に～を見た」などがあります。

取材相手をよく書こう、褒めて書こうとすると、つい常套句を使ってしまうのですが、やはり、なにひとつ伝わりません。

ｗｅｂコンテンツのまとめ記事には、「～する今日このごろ」「～をご存じでしょうか」「～と思うのは私だけでしょうか」「～すること間違いなし」「感動のあまり言葉を失うに違いありません」「～といっても過言ではありません」「あなたも～してみてはいかがでしょうか」「いかがでしたか」「次回をお楽しみに」などの常套句があります。

こう並べると、「あるある」と他人事のように思うのですが、たとえば、次の○に文字を入れてオノマトペを完成させてみてください。「○○○○肩を落とす」「英語が○○○○」「○○○○のパンケーキ」。多くの人が、「がっくり肩を落とす」「英語がペラペラ」「ふわふわのパンケーキ」とすると思います。

そういった決まり文句の組み合わせを、無自覚にそのまま使うことは、惹句づくりの対極にあります。

政治家が「お答えは差し控えさせていただきます」「仮定のお話にはお答えできません」「国民の健康を最優先に」「総合的、俯瞰《ふかん》的に判断します」「誤解を与えたのであれば謝罪します」などと常套句を繰り返すのは、〝意味のあることを言って失言になってしまうのを避けるため〟です。**常套句には、意味のないものとして、聞き流させる効果があるのです。**

それが常套句の長所でもあります。たとえばお葬式で、身内を亡くした人にどんなに言葉を尽くしても、ふさわしい言葉はありません。「伝えたいこと」に誠実になろうと言葉を捻《ひね》り出しても、相手を傷つけることさえあります。そんな時は、「お悔や

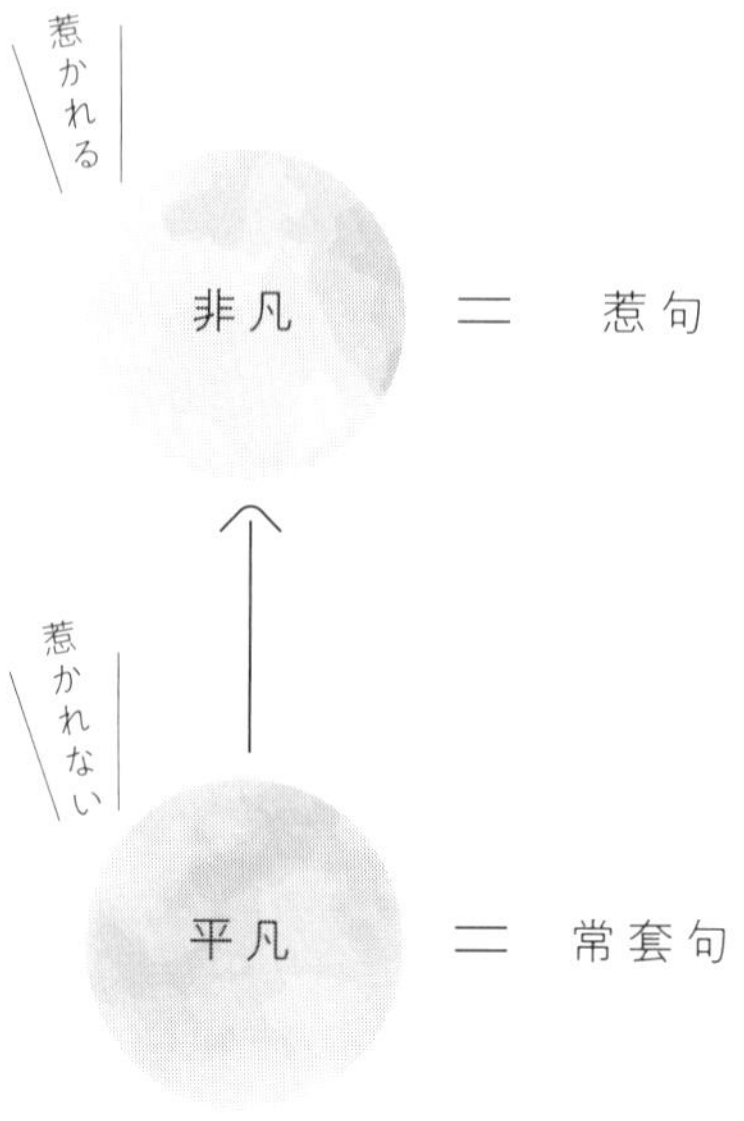

み申し上げます」「ご愁傷さまです」「どうぞ安らかにお眠りください」「ご冥福をお祈りいたします」などの常套句に頼ります。悲しみのどん底にいる時に、むやみに〝想い〟を言葉にするのではなく、決まり文句で挨拶をする。形式的なことを粛々とこなす。古くからの人間の知恵ですね。

話を戻しましょう。つまり惹句をつくる時に、読み手の頭に残らない常套句を使っては、本末転倒ということです。目の前に常套句を見つけたら、注意深く排除していきましょう。

パロディ・ダジャレ・挑発は要注意

よく紹介されているけれど、気軽に使うのは危険だと思う言葉のテクニックが3つあります。まず、使うのはいいけれど注意の必要なものが、「パロディ」やオマージュです。誰でも知っている、名言、名タイトル、ことわざなどを模倣してつくる言葉です。

パロディもオマージュも、もとになった言葉がとてつもなく有名であることが使ううえでの前提です。さらに、もとになった言葉の特徴や背景を踏まえ、滑稽さや風刺を浮かび上がらせるのがパロディ、もとになった言葉やその発言者に〝尊敬の念〟を忍ばせるのがオマージュです。滑稽さや尊敬の念を、読んだ人が共有できるか、というところで、ハードルが上がります。

タイトルの定型パターンで、名タイトルを少し挙げましたが、もとになった言葉遣いや言葉の構造が特徴的であれば、それを活かして使ってみるのが効果的です。言葉の構造やリズムが、まるで変わってしまうようなら、あきらめたほうがいいでしょう。もとになった言葉がわからず、そのわりには不自然な言い回しが残ってしまいます。

危険なテクニックの2つ目が「ダジャレ」です。ダジャレでパロディをしている言葉もたまに見ます。**ダジャレは現実の会話以上に難しく、滑ってしまったり、自己満足になってしまいがちです。**文字で見てダジャレとわかり、「お！」「やるな！」と思わせるのは、やはりハードルが高いと思います。

3つ目は、脅し、「挑発」、煽《あお》りの類いです。キャッチコピーの基本テクニックに挙げられることもあるようです。要は、読者を脅して不安にさせたり、挑発したり煽ったりしてマイナスのムードにしておいて、反動でなにかプラスのものを伝える手法です。

言葉に限ったテクニックではなく、この手法を使う雑誌も販売戦略もあります。リンク先に飛んだり次ページへクリックしなくていいロングスクロールの広告でもよく見掛けます。「あなたの◯◯がヤバイ。このままでは大変なことになる」と脅し、「タレントの◯◯さんも△△さんも実践している」「期間限定、あなただけ」と煽り、「だからコレをやりなさい」と最後にコンテンツを紹介するわけです。

マーケティング的な理屈はわかるのですが、言葉でこれをやると、とても安っぽく見え、一気に下品になります。脅してから商品やサービスに誘導する一連の思惑がいっぺんに見えてしまうからです。

そして、あまりに露骨な脅しや挑発はＳＮＳで炎上しかねません。

これら3つのテクニックを使うなというわけではありませんが、効果のわりにリスクの大きなテクニックだと心得てください。

案を出したらしばらく保留していい

雑誌の特集タイトルは、表紙ビジュアルと合わせて編集長がつくっています。広告を集めるために、数か月先まで「本と映画」「最新ダイエット」などと、ざっくりした予定を公開しています。じつは、その時点で、すでにタイトルを一言一句決めている場合もあります。インスピレーションで「コレだ！」と決める、タイトルありきの特集です。

そうでない場合は、「本と映画」を特集すると決めてから、ある意味ずっとタイトルを考えています。言葉通り、1秒でも早く1秒でも長く考えるようにしています。

「本と映画」の特集は過去にも何度もやっているし、他誌でもやるだろうし、今回この雑誌で特集する意味、その切り口を、「伝えたいこと」にしたいからです。なので編集会議で企画を出してもらい、全体のコンテンツ、方向性が見えてきた段階で、より具体的に考え始めます。

考えかたは、次の第3章、第4章で紹介するのとまったく同じ方法です。コンテンツに誠実に向き合って言葉を出し、読者に誠実に向き合って望みを確認し、そして言葉の吟味を重ねます。私も、タイトルを考える時間をスケジュールに入れていました。

考えるだけ考えて、「うーん、どっちがいいんだろう」「この言葉いまひとつピンと来ない」という状態で保留にしていると、たまに「降りてきたー」ということがあります。

移動中に電車から見掛けた光景や、眺めていたテレビのバラエティ番組で「あ！　これだ」と思うのです。点と点がつながって線になる瞬間。これがセレンディピティ、「計画的偶然性」「偶察力」などと訳される最高に素敵な瞬間です。

Ｗｉｋｉｐｅｄｉａから引用します。「セレンディピティ（英語：ｓｅｒｅｎｄｉｐｉｔｙ）とは、素敵な偶然に出会ったり、予想外のものを発見すること。また、なにかを探している時に、探しているものとは別の価値があるものを偶然見つけること。平たく言うと、ふとした偶然をきっかけに、幸運をつかみ取ることである」。

いままで私が手掛けて売れたものは、なんらかのセレンディピティを伴うものが多かったように思います。なにしろ偶然を待つしかないので、起こってほしい時に起こってはくれないのですが、セレンディピティを起こす確率を上げる方法はあります。

それはまず、考えて、考えて、考えること。「1秒でも早く1秒でも長く考える」ことです。

分子構造の模型をイメージしてみてください。球体の分子がいくつかあって、それがラインで、つながって、なんらかの物体を表す模型です。

企画やタイトルを考えていると、ついそのことばかりに焦点を当ててしまいますよね。焦点を当てている、その分子球体だけ、くっきり宙に浮いていて、周辺のことはぼやけている状態です。一度、別のことに視線を向けると、今度はそちらに焦点が当たります。

思考のなかでは焦点を当てている分子は動きにくく、周辺の分子のほうが動きが活発です。企画やタイトルの分子も同様で、周辺エリアに入ると、活発にほかの分子を引きつけたりつながったりして、ポンッと新たな物質を形成できる瞬間がある。それがセレンディピティという感じです。

もちろん考えて、考えて、考える作業を省いては、セレンディピティは起こりません。とことん考えているからこそ、別のものを見てハッと気づき、それをキャッチできるのです。

惹句がふとひらめく確率の上げかた

セレンディピティを起こす確率を上げるには、考えた言葉を寝かせる時間も必要です。言葉を寝かせている間で、セレンディピティが起こりやすい瞬間は、主に3つあると感じています。

まず1つ目は、移動中。電車でもタクシーでも、ふとした瞬間にひらめくものです。車窓からの景色、車内広告、ほかの乗客や運転手さんから気づくこともあります。

あと、なんといっても、歩いている時です。**アップルの創業者、スティーブ・ジョブズが、人と大事な話をする時や考えをまとめる時に、あちこちをよく散歩していたことは有名です。**

多くのビジネス書にも、「歩きながら考える」とあります。ある有名な実業家は「いろいろなアイデアが整理できるし、脳がリフレッシュする。それに、歩いているとヒントが見つかるものなんだ」と言っていました。歩くことで血中の酸素が脳にもたくさん供給されるという、科学的根拠もあるようです。

だからまず、考えが行き詰まった時に外に出て、歩きながら続きを考えるという方法があります。セレンディピティとは少し違いますが、歩きながら考えると、考えがすっと整理されます。加えて、ポジティブな考えが浮かぶ傾向もあります。特に朝イチの静かな街を歩いていると、考えがまとまることが多いです。

反対に、考えるのをやめて、歩くことを楽しむ方法もあります。たとえ東京のど真ん中でも意外と緑は多く、鳥の声も聴こえます。顔に当たる日差しや、そよ風を楽しみながら歩きましょう。そんな時にセレンディピティは起こります。

セレンディピティが起こりやすい2つ目は、ほかのジャンルのコンテンツを見ている時です。書籍のタイトルを考えている時にほかの書籍のタイトルを見るのではなく、いっけん関係のない、テレビ番組、映画、コンサート、街の看板など別ジャンルのコンテンツを見て、「あ！」とひらめくことがたくさんあります。

3つ目は、トイレやお風呂です。お風呂に浸かってボーッとしている時に、アイデアを思いつくことがあります。

私が手掛けたなかで、売り上げ的にいちばんヒットしたものは、2009年に出した、エクササイズDVD『ザ・トレーシー・メソッド』（トレーシー・アンダーソン／マガジンハウス）です。「あのマドンナのパーソナル・トレーナーですよ。あのマドンナのカラダになれるんですよ」と〝想い〟を熱くプレゼンしたのですが、販売部的にＤＶＤを扱ったことがないという理由で、一度は完全にボツになった企画です。

そんなある日、直属の上司が、出社するなり話し掛けてきたのです。「いやー、今朝シャワー浴びていたらさー、なんか急に、行けそうな気がしてきたんだよねー」「俺、マドンナと同じ歳なんだけどさー、あの体はやっぱりすごいよ」と。それからも一筋縄では行かなかった企画ですが、その上司が熱心にバックアップしてくれ、結果、ミリオンセラーになりました。

私が『ザ・トレーシー・メソッド』を思い出す時、シャワーを浴びている上司のイメージがもれなくついてくるのですが、あれは間違いなく上司のセレンディピティに救われた案件です。

移動する、歩く、看板を見る、シャワーやトイレ……。どうやらセレンディピティは、まったく別の作業をしている時、しかも、あまり頭を使わない、それでいて体を動かしている時に起こるようです。脳の緊張が緩んでリラックス状態になると、アイデアの分子が活発になるのかもしれないと思います。

セレンディピティの確率を上げるためにも、１秒でも早く考え始め、寝かせる時間をたっぷりとるということですね。

第3章

つい見たくなる
コンテンツのつくりかた

コンテンツの売りから惹句が生まれる

言葉をつくるだけでなく、コンテンツづくりから携わる人も多いと思います。

ところで、コンテンツとはなにか説明できますか。コンテンツは「中身」という意味の英語です。ホテルでいえば、客室、レストラン、バー、ロビー、その設備、調度品、アメニティ、フード、酒などがコンテンツです。中身なので、ものだけでなく、従業員や客、BGMや香り、周囲の環境や接客サービス、歴史などもコンテンツです。

ただし、コンテンツにはコンテンツ化して初めてコンテンツになるという側面があります。どういうことかというと、どの情報を、誰に、どのように魅力的に伝えるか、〝売り〟を決めて初めてコンテンツとして価値あるものになるということです。「コンテンツ化する」とも、「コンテンツをつくる」ともいいます。

歴史はホテルの大切なコンテンツですが、「歴史のあるホテルです」というままでは、コンテンツ化したとはいえません。どんな歴史なのか、歴史のなかでどんな役割を担ってきたの

か、徹底的に調べます。すると、たとえば「ジョン・レノンが定宿にしていた」という〝売り〟が出てくるわけです。

〝売り〟が決まれば、「ジョン・レノンを追体験できる滞在型のプランをつくろう」とか、「ジョン・レノンが食べたオムライスを再現できないか」などと、サービスや商品そのものをつくることができます。広告も「ジョン・レノンの眺めた朝焼け」などと、言葉の方向性は決まってきます。

ホテルを例に挙げましたが、webメディアならば、記事、画像、コンセプト、デザイン、空気感などがコンテンツです。

大事なことは、小さなコンテンツも大きなコンテンツも関連しているということです。中身の要素それぞれが関連しあって、中身全体になっています。

ホテルの歯ブラシも接客サービスも関連しています。ホテルが高級路線に舵を切ったとして、接客サービスだけ向上させても客室の歯ブラシが安物ではコンテンツ化できているとはいえません。「神は細部に宿る」という、建築家ミース・ファン・デル・ローエの言葉がありますが、小さなコンテンツひとつひとつ丁寧にこだわって初めてコンテンツ全体の完成度が上がります。

メディアの空気感と記事のテイストも関連しています。だから、記事1本を書く時にも、そのメディアが誰になにを伝えるコンセプトなのか、どういうテイストを求められているのかを確認したほうがいいわけです。メディアの〝売り〟によって、記事の〝売り〟をなににするかも変わってきます。

つまり、コンテンツ化する時には、多角的に見ることが必要になります。小さなコンテンツを丁寧に調べ、大きなコンテンツを考える。

ほかの人が書いた記事にタイトルをつける時も、映画に惹句をつける時も、商品の販促物をつくる時も同じです。記事を丁寧に読み込み、なにが〝売り〟になるか徹底的に考える。映画のどこがいいのか、どうして感動したのかをとことん考える。商品のなにが便利なのかを徹底的に洗い出す。

このようにしてコンテンツを横から見たり下から見たり、分解したり体験したりしながら、とことん考えることが、惹句をつくるうえで欠かせない「コンテンツに誠実に向き合う」ということなのです。

自信のない売りは読者に届かない

　では、コンテンツに誠実に向き合って、なにをどれぐらい考えればいいのでしょう。答えは、〝売り〟に明確な強い〝想い〟を持つまで、です。

　惹句を通して、書き手と読者の〝想い〟が通じると言いましたが、言葉をつくる時に、いちばん大切なものは、書き手のコンテンツへの〝想い〟です。「当たり前だ」と思うかもしれませんが、〝想い〟のないまま発信されているコンテンツのいかに多いことか！

「この商品、なにがいいんですか」「○○とどう違うんですか」と聞いた時に、あなたから熱い〝想い〟があふれてくるでしょうか。その明確な強い〝想い〟さえあれば、それ以外のことは技術的なことです。

　少し話が逸れますが、〝想い〟のないまま発信まで進んでいくプロセスを見ていると、かなり早い段階から、きちんとした資料がつくられていることが多いように思います。「商品開発コンセプト」「競合商品との差別化」など、きちんと言語化、図表化された資料です。そのシェアが、逆に、末端の個人が〝想い〞を持つことを邪魔している気がします。

どんな〝想い〞も、まず、個人から始まるものです。個人から個人へ、チームのメンバーへ、そして対象となる大勢に伝播《でんぱ》していきます。個人の熱量に熱量が加わり、熱狂になります。最初の個人が、〝想い〞を明確にしないままでは、次の人に伝わりません。

その〝想い〞を伝えるため言語化、図表化された資料だったはずなのに、きちんとした資料ほど、言葉だけの伝言ゲームを生む危険性があるのは皮肉なものです。いま一度〝想い〞を伝える方法を見直してみてください。

さて、話を戻します。明確な強い〝想い〞を持つまで考える、といっても、2通りのパターンがあると思います。

まず、aパターンは、〝想い〞ありきの場合。「自分の本を出したい」、「この商品うちの集大成なんだ」、中小企業や個人には〝想い〞ありきの人が多いかもしれません。

ただ、〝想い〞が強ければ強いほどコンテンツ化が上手くいくとも限らないのです。〝想い〞が強すぎると空回りしたり、人に伝えきれず自己満足に陥ったりします。なので、心のなかの〝想い〞を、頭で冷静に考え、言語化することが必要になります。

aパターンが〝想い〞ありきの能動的企画だとすると、bパターンは受動的企画の場合。企画を振られたものの、その企画に〝想い〟がない場合です。〝想い〟がないということに聞こえるかもしれませんが、分業化されている大企業では往々にして初期段階では〝想い〟がありません。

開発を担当した人は〝想い〟があっても、営業の人、ｗｅｂ制作の人、店舗の人まで〝想い〟を共有しているとは限りません。あなたがｂパターンである時は、なんらかの方法でイメージを明確にして、自分のなかに〝想い〟が生まれるまで考えてみる必要があります。だいたい、〝想い〟を持たずにやる仕事ほど面白くないものはありません。

ａパターンの場合は、〝想い〟を言語化するまで、ｂパターンの場合は、〝想い〟が生まれるまで、とにかく、コンテンツに誠実に向き合い、考えることから始めます。考えて、考えて、考えて、最終的に、明確な、そして強い〝想い〟を持つ。

考えて、考えて、考えるといわれても、どう考えればいいのかわからない、考えるのは苦手と思っている人もいるかもしれません。でも決して難しいことではありません。考えかたのコツをつかむための、付箋ワークを98ページからご紹介します。

繰り返しますが、明確な強い〝想い〟を持たないまま発信するコンテンツは、チーム内にも読者にも届きません。

マイナスイメージが売りになることも

私自身の、bパターン、受動的企画の例を挙げてみます。

書籍編集部在籍時、『ａｎａｎ』の再録ダイエットムックを編集長から振られました。ムックというのは、雑誌（Ｍａｇａｚｉｎｅ）と書籍（Ｂｏｏｋ）の複合語で、雑誌のようにカラーページでいろいろな企画を扱いながら、書籍のように長く書店に置かれます。

再録というのは、週刊誌である『ａｎａｎ』本誌のバックナンバーを遡ってダイエットページを集めて構成し直すことです。経費節減の一環として、再録という形態に会社も注目し始めていた折でしたが、『ａｎａｎ』本誌の編集者からは、「苦労して取材したページをそのまま流用する」と白い目で見られ、Ａｍａｚｏｎなどの読者レビューでは、「同じページの使い回し。前に読んだ記事でがっかり」などと書かれがちな案件です。

そんな四面楚歌の再録ムック、編集者としては、まるでモチベーションが上がりません。なんといっても新たに取材、撮影するほうが楽しいですから。「ほかの人に振ってくれないかなぁ」と気乗りのしないまま、正直〝想い〟を持てずに作業を始めました。

再録といっても作業は煩雑で、過去のダイエットページを集め、取材先やモデル事務所に再掲載の許可を取り、あちこちリライトして辻褄《つじつま》を合わせるデスクワークです。いろいろな号から集めるので、デザインもバラバラですが、そのバラバラもならします。ぱっと見、再録とわからないようにしていきます。

ただ、特集タイトルと表紙だけは、ずっと真剣に考えていました。表紙を撮り下ろす予算はあったので、タイトルと表紙ビジュアルを決めてから撮影できるように、企画を振られた瞬間から、考えて、考えて、考えていました。どこかで〝想い〟を持たなくてはいけない……。

そして至った結論が、「読者に再録って言っちゃっていいんじゃない？」「もしかして再録が〝売り〟なんじゃない？」ということ。「編集者の作業的にはつまらないマイナスイメージの再録だけど、読者にとっては逆に、これだけ話題のダイエットが、これだけ一斉に読めるムックはじつはない」と思ったのです。

当時人気が高くなかなか取材できなかった、ミリオンセラーのカリスマも、「『ａｎａｎ』の４ページだけなら」「プロモーションになるから」と受けるケースが多くありました。それらを１年分のバックナンバーから集めた結果、相当に豪華な顔ぶれが揃ったのです。

読者にしてみれば、ひとつひとつのダイエットを理解し実践するには、それぞれの本を買う必要があるかもしれません。でも、このムックが1冊あれば、話題になったダイエット、気になっていたダイエットを、4ページずつのダイジェストで、次々に試すことができます。それが再録だろうと関係ありません。

こうして、〝売り〟が明確になってからは、〝想い〟が芽生えてきました。仮タイトルをつくり、〝想い〟をアートディレクターやカメラマンと共有します。打ち合わせを重ねるうちに、〝想い〟も膨らんでいきました。そして、〝売り〟を伝える表紙の具体的なイメージを持って、撮影に臨むことができました。

「あなたにいちばん効くダイエット法を探せ！」（マガジンハウス編／2013年／マガジンハウス）

特集タイトル自体は、なんのひねりもない、普通の言葉だけが並ぶものです。ただ、表紙デザインとして、「ダイエット特集総集編2013」と再録であることを明記し、再録したダイエット法をすべて文字で表紙に載せました。「これだけ豪華なダイエット法がたくさん載っています。このなかからあなたに効くものを選んでください」と、〝売り〟が一目でわかるようにしたのです。

このムックが思い掛けず、本当に販売部や編集長の予測以上に売れ、何度も増刷を掛けるこ

とになりました。売れ行きがいいと、宣伝費も掛けてもらえるので、ますます売れていきます。

その後、定番のコンテンツとして、何度も『ａｎａｎ』再録ダイエットムックをつくっています。でも、同じように売れているわけでは全くありません。なので、この場合、コンテンツ化が成功したいい例だと思っています。

売りの見つけかた①
思いつきを付箋に書き込む

自慢話のようになってしまったので、さっそく、コンテンツに誠実に向き合って、言語化するまで、あるいは、〝想い〟を持つまで考える方法を説明していきましょう。企画を考える時、コンテンツをつくる時の方法です。惹句をつくる前段階でもあります。

まず、スタートダッシュをきると圧倒的にいい惹句が生まれるし、企画を出す直前に焦ることがありません。1秒でも早く1秒でも長く考えると圧倒的に有利です。

雑誌の編集部でも次の特集のお題が告げられ、1週間ほどで企画会議があります。会議の前日になると、「やばい、明日だっけ?」「あー、まだ企画考えてないや」「私も全然~」と牽制《けんせい》しあいますが、じつはみな企画が振られた瞬間から必死に考えています。少なくとも私はそうでした。

スタートダッシュをきる最初のコツ。それは、できるだけ早い段階で、「○○の企画を考える時間」を1時間、スケジュールに組み込むことです。

午前中がオススメです。ぼーっと思いにふけるのではなく、ひとりデスクに向かい、紙と筆記具を持って、集中して企画を考えます。企画を提出する日までに数回、この「企画を考える時間」を持てると理想的です。

さて、1回目の企画を考える時間。

まず、テーマ、コンテンツについて、思いつくことや疑問を、ありったけ書き出します。付《ふ》箋《せん》を使い、1つの付箋に1つずつ、次々に言葉を書きましょう。いいことも悪いことも、単語でも文でもOKです。

行き詰まったら、次の視点で自問自答しながら付箋50枚を目標にします。

◯（商品などの場合）五感を使って、よく観察する

見た目は？　音は？　匂いは？　味覚は？　触感は？

◯テーマ、コンテンツについて、なにが知りたいか疑問をそのまま書き出す

ネット検索したいことは？

○5W1Hを繰り返し使って自問自答する

what（なに）が？　who（誰）が？　when（いつ）？　where（どこ）で？

why（なぜ）？　how（どんなふうに）？

○言いかたを換えて「言葉」を増やす

かわいいと付箋に書いたら、それを自分の言葉で言い換えて付箋を増やす

どんなふうにかわいい？　なぜかわいい？　ほかの言葉はない？

○立ち位置を換えて考えてみる

子どもだったら？　高齢だったら？　異性だったら？　別の地域だったら？

○「で？」「なぜ？」「ほかには？」を繰り返す

「anything else(ほかになにか)?」

昔、マンツーマンの英会話スクールで、「anything else?」を口ぐせのように繰り返す先生が

いました。身の回りのトピックスを、次から次へと絶え間なく話させる手法だったのでしょう。私は、いつもそれを思い出しながら、「anything else?」と心で繰り返し、作業します。自分を追い込むゲーム感覚で、手を休めないようにしています。

言葉を付箋に書き出すこの作業、ぜひ、一度はやってみてください。やってみると、最初はせいぜい10枚ぐらいで書くことがなくなり、手が止まってしまうと思います。

テーマ、コンテンツのディテールを、横から見たり下から見たり、五感や5W1Hを繰り返し自問自答しながら、ありとあらゆる言葉を書き出します。

売りの見つけかた②
付箋をグループわけする

言葉を付箋に書き出す時に大切なことは、すぐネット検索をしないことです。ネット検索したい疑問は疑問のまま書き出しておきます。

インターネットは、言うまでもなくとても便利なものですが、同じ目的で、同じテーマを検索し始めると、不思議とほぼ同じようにネットサーフィンしてしまいます。**編集部で特集の企画を出してもらうと、見事に同じような企画が出てきて、「あ、この人もこの人も同じブログを読んだな」とわかります。**

ところが、ネット検索する前に充分に考え、疑問を疑問のまま書き出しておくと、検索ワードが変わり、収集できる情報も変わってきます。

ネット検索をせず、素の頭で充分に考えたあとは、ネット検索でさらに付箋を増やしていきます。それまで検索できなかった反動で、湧き出た疑問を一気に、次から次へ調べられると思います。

付箋には、ネットの情報を細かく書き写す必要はなく、キーワードだけメモしましょう。検索しながら新たな疑問や考えも浮かんでくるので、それらも次々と付箋に書き出します。

ネット検索でわからない新たな疑問というのもポイントで、〝売り〟につながるかもしれません。なにしろ、ネットで調べられないのですから、その情報は貴重です。

書き出すだけ書き出したら、次は、付箋をグループに分ける作業です。近い発想のものをまとめながら、グループごとに名前をつけましょう。「見た印象」「使うシーン」「（商品開発に）改良リクエスト」のようなグループ名です。

グループにすると、少しずつ〝想い〟が湧いてきます。「私は見た印象が好きなんだ」「こういうシーンで使いたい」などと、自分の着眼点に方向性が見えてきます。それが、〝想い〟の始まりです。

さて、その〝想い〟のなかで、〝売り〟になりそうなものはありませんか。

〝売り〟になるというのは、いわゆる差別化です。ほかと違うこと、いままでにないこと、役に立つこと。自分の〝想い〟のなかで、読者やユーザーも惹かれるだろうこと、得するだろうことを探します。

コツは、「事実」を書いた付箋と、「感覚」を書いた付箋をつなげること。あるいは、「事実」

の付箋グループと、「感覚」の付箋グループをつなげること。この「事実」からどんな「感覚」を持つのか。この「感覚」を膨らますには、どの「事実」が必要か。

「このグループとこのグループはつながらないかなー。つなげるためのキーワードはなんだろう」と考えます。グループとグループの間に見えてくるストーリーを探す感じです。1つのグループを近視眼的に見たり、付箋全体を俯瞰で眺めたりを繰り返しながら、グループを解体したり合併させたりしてみましょう。

付箋が集まるグループと、その周辺は、〝売り〟が潜んでいる可能性が高いです。付箋が集まるということは、多くの読者やユーザーが持つであろう着眼点であり、そこから発展させる企画は読者やユーザーにとっても自然の流れになります。

〝売り〟だと確信が持てなくても、〝売り〟になりそうなものを箇条書きでメモしておきましょう。これが企画のもとです。

そしてここまでが、1回目の「企画を考える時間」です。

売りの見つけかた③
付箋に書いた疑問を調べる

付箋ワークはまだ続きます。1回目の「企画を考える時間」を終えたら、今度は、体験をプラスします。

体験というのは、付箋に書き出した疑問を解決するために、下取材、ロケハン（ロケーション・ハンティング、撮影場所の下見）などのリサーチをすることです。「このグループとこのグループがつながらないかなー」と思っている時には、その現場を見に行くのがいちばんです。

たとえば、競合する商品を専門店に見に行き、そこで店の人に話を聞きます。新商品のサンプルを人に使ってもらって感想をヒアリングします。ネット検索したテーマのセミナーに参加してみます。話題のスポットにも行ってみます。

こういった体験が、コンテンツづくりには、とても大切です。体験を通したリアルな〝気づき〟こそが、いいコンテンツになるからです。また、この体験を通して、〝想い〟が湧いてくることも多いです。

ネットなしで徹底的に考える。

←ネット検索して情報を集める。

←体験をして〝気づき〟を加える。

この繰り返しで、数回、「企画を考える時間」を持ち、企画を練っていくわけです。

誰でもネット検索が前提のいまの時代こそ、「検索前の考える時間」と「検索後の体験」が、人に差をつけるポイントになるでしょう。そして、ここまでやって初めて、提出できる、オリジナルの「企画」になるといえるのです。

以前、月刊誌『文藝春秋』の編集者に聞いた話です。**毎月、10本提出する企画のうち、少なくとも5本は、渾身《こんしん》の企画を出しているのだとか。1本の企画をつくるまでに、数か月、下取材やリサーチを重ねて、新書を1冊書けるぐらいのエネルギーを費やしているそうです。**『文藝春秋』の重層的なコンテンツを読んでいると納得できますよね。

また、この付箋ワークは、Ｗｏｒｄでもホワイトボードでもなく、ぜひ、紙に書いてほしいと思います。紙であればノートでも構いません。

紙に書く理由ですが、まずグループ分けがしやすいこと。付箋ならグループの解体、合併がより簡単だし、グループとグループの距離も変えられます。ノートを使う場合は、小さいスペースに書き足したり、線でつないだり、太文字で強調したりもできます。マインドマップのように浮かんだアイデアを数珠つなぎで書き出すのもいいですね。

オカルト的に聞こえるかもしれませんが、紙に手で文字を書くと、その言葉に「言霊《ことだま》」が宿ると、私は思います。「言霊」、言葉の魂という意味ですが、それほど大袈裟《おおげさ》なものではありません。書いた文字が、どうも自分を呼んでいる気がしたり、ノートのあの場所に書いたと映像が残ったり、そんなちょっとした引っ掛かりが役に立った経験が何度もあります。

そして紙に書き出した言葉や文は、プロジェクトが進んだあとも保存しておきましょう。「企画を考える時間」は、惹句をつくる前段階と言いました。**最初に書き出した言葉や文が、後々コンテンツのタイトルやキャッチコピーに使えることも多いのです。**たとえば、「メタファー」に、そのまま使える言葉が見つかったりします。

時間が経って見返すと、初めてその商品を見た時、初めて企画を振られた時の感覚を思い出し初心に戻されます。それはつまり、初見の読者やユーザーの感覚でもあるわけです。そういう意味でも、最初に書き出した言葉は大切です。

実例ワーク

私ならこんぺいとうをこう売る！

企画を考える時、コンテンツをつくる時、時間をとってデスクに向かい、この付箋ワークを一度はじっくりやってみてほしいと思います。

「1時間とる」「数回やる」というと面倒に思うかもしれませんが、一度やってみるとコツのようなものがわかります。コツがわかれば、「今度食事をする異性にもヒアリングしてみよう」とか「おっと、ネット検索する前に、ちょっと考えてからにしよう」とか、日常的な習慣になっていきます。

ここでは、新商品の販売戦略を例に企画を考える流れを追ってみようと思います。【お題】を見たあと本を閉じ、ワークとしてやってみてもいいですね。あるいは、さっと目を通したあと、あなたが直面している企画、いま抱えているプロジェクトで、さっそく取り組んでみてください。

【お題】菓子メーカーで「こんぺいとう」を発売することになりました。サンプルを見ながら販売戦略のアイデアを出してください。

コンテンツは「こんぺいとう」です。目の前の「こんぺいとう」について第一印象、思いつくこと、疑問に思うことを付箋に書き出してみましょう。以下、グレー地を敷いたところが付箋です。

私は「他社でも出しているのに、なぜいまさら？　ニーズはあるの？」と思いました。それをそのまま書き出します。

なぜいまさら？　ニーズはある？

自分では買わないとも思いました。漢字は？書けない！

第一印象は、赤　白　かわいいです。ほかにどんな色？

自問自答を始めます。

○五感を使う

見た目は？ 小さい　音は？ ガラスに入れたらカランカランする？

匂いは？ 思いの外いい香り！ 味覚は？ 甘い ミルク味とかあるの？ 触感は？ 固い

◯ネット検索したい疑問

何社ぐらい出しているの？ 有名店は？ 歴史を知りたい こんぺいとうの歌ってある？

◯5W1Hを繰り返す

書いた付箋「なぜいまさら？」になぜそう思ったか？古くさいイメージ

書いた付箋「ニーズはある？」に誰ならニーズがあるか？ 外国人なら喜ぶ？

「自分では買わない」になぜ？カロリー高そう

なにが？ 材料は？

どこで？ どこで売っているか

いつ？ 日本古来のお菓子？

どんなふうに？ どうやってつくるの？ 自分でつくれる？

○言いかたを換えて「言葉」を増やす

書いた付箋「かわいい」を言い換えて　小さいからかわいい？　トゲトゲしてる　色が淡い　宝石みたい　1粒より数粒あるとかわいい　手のひらに乗る

書いた付箋「赤」「白」を言い換えて　ほんのりピンク　半透明の白　グラデーション、書いた付箋「甘い」を言い換えて　いちご味　砂糖そのものの甘さ　ガツンとした甘さじゃない　懐かしい味

○立ち位置を換えて考えてみる

田舎のおばあちゃんは食べてたっけ　子どもはもっと派手なお菓子がいい　男性はもっと買わない

○「で？」「なぜ？」「ほかには？」

書いた付箋「男性はもっと買わない」に「で？」女性にプレゼントなら買うかも

書いた付箋「田舎のおばあちゃんは食べてたっけ」に「なぜ？」おばあちゃんに理由を聞く

（これはあとで体験して付箋を増やす覚え書きです）「で？」自分で買うのかな？

買う店は決まっている?

書いた付箋「トゲトゲしている」に「ほかには?」口のなかではトゲトゲしない「で?」すぐ溶けないからガリガリかじって食べる

こんな簡単なこと、軽いこと、思いついたことでいいのです。行ったり来たり自問自答しながら、どんどん付箋を増やしていきます。

目安50枚ぐらい、素の頭で充分に考えたあと初めて、今度はネット検索もして、さらに付箋を増やすのでしたね。さっそく調べたかったこと、「漢字」「どんな色があるか」「どんな味があるか」「製法」「何社ぐらい出しているか」「有名店はどこか」「歴史」「こんぺいとうの歌があるか」などを調べます。

次は、付箋をグループに分け、グループに名前をつけ、グループとグループの間に〝売り〟を探すのでしたね。グループを解体したり、合併させたりしながら、ストーリーを見出します。たとえば、こんな感じです。

宝石
星

金平糖
レシピ

ポルトガル語コンフェイト
1546年 戦国時代
球体のガラスの入れ物
キリスト教宣教師
ルイス・フロイスから
織田信長へフラスコに
入られて献上
ストーリー

手のひら

赤、青、白、黄色、何色でも
かわいい、触れたい
甘い、溶ける、瑞々しい
べとべとしない
ヨーグルト味、マンゴー味
イチゴ味、なんでも
舐めるのではなくかじる
色と味を
カスタムできる

こんぺいとう金平糖
金米糖
金餅糖
糖花
Confection sugar

贈答、見舞い
皇室の引き出物
外国人向け

緑寿庵清水
（唯一の専門店）
銀座緑寿庵清水
まんねん堂伝法院店
とらや
佐々木製菓
春日井製菓
コラボ

童謡

製法
完成まで2週間
砂糖と水分
突起の秘密
保存がきく
職人さん動画

常備菓子
いつもうちにある

プレゼント用
わざわざ
買わない
カロリー心配

映画『本能寺ホテル』
『こんぺいとう』aiko
『金米糖の降るところ』江國香織
『宇宙のステルヴィア』
『千と千尋の神隠し』
『戦国BASARA』

子供の頃よく
おばあちゃんがくれた
昔なつかしい
ストーリー

文字が付箋、丸で囲んだのがグループです。グループ名は省きますが、「印象」「歴史」「有名店」「こんぺいとうが出てくる作品」などになります。そして、ゴシック太文字が〝売り〟になるかなぁと見出したストーリーです。これらの〝売り〟を企画として、箇条書きにしておきます。

・こんぺいとうが出てくる歌や映画とコラボができないか
・球体のガラスの入れ物に入れたら宝石のようにキラキラ、音もカラカラ？
・色と味をカスタムできたら最高
・こんぺいとうの製法を紹介する動画をホームページに
・工場見学のツアーも募集しよう
・ホームページで昔懐かしい物語を連載したら……こんぺいとうに直結しないか
・プレゼント用に販売戦略を立てればいいんじゃないか……
・外国人の日本土産用に空港などで販売する〜パッケージも和のテイスト？
・常備菓子として訴求する、そのためには……

ここまでが1回目の「企画を考える時間」でしたね。そして次は体験をプラスです。

・おばあちゃんにこんぺいとうについて取材する（「どうして食べていたの？」「どこで買っていたの？」「いまも食べている？」「どうして好きなの？」など）
・ネットで調べた有名店に足を運ぶ→店に行ったら試食したり話を聞いたり体験する
・周りの人、外国人の友だちにこんぺいとうのサンプルを渡して食べてもらい感想を聞く

などが考えられます。体験をプラスするたび、付箋を増やし、グループ分け、〝売り〟探しを繰り返します。

そして、たとえば、「色と味とパッケージの組み合わせをカスタマイズできるサービスをプレゼント用に展開しましょう」という企画にします。プレゼンテーションでは、全体のコンセプト、販売戦略のひとつひとつを説明していきます。体験を盛り込めば、大きなアドバンテージになるでしょう。

【キャンペーンコピー】
色×味×パッケージ＝カスタマイズは１４７通り！
あなたの大切な人にオリジナル金平糖を！

【販売戦略】

1、色と味をカスタマイズできるサービス

2、プレゼント用、持ち運び用にパッケージを提案

3、外国人向けに英語に切り替えられるサイト

4、こんぺいとうをつくる動画を公開し見学ツアーも実施

5、子ども向けに『まんが日本昔ばなし』的な物語を連載

先を聞きたくなるプレゼンづくりの秘策

企画を考える時、コンテンツをつくる時、体験をプラスすると言いました。その体験は、プレゼンテーション時の最大の武器にもなります。

体験は、「体験しました」と企画にするわけではありません。「体験しました」とだけ書いている企画も実際に見掛けますが、「だから？」ですよね。体験した結果どうだったのか、なにがわかったのか、それをもとに企画に昇華させるのです。個人的には、体験は、コソ練（みんなに隠れてこっそり練習すること）みたいなもので、その苦労は見せない企画のほうがカッコいいと思います。

ただし、その企画を発表する時、プレゼンテーションの時は、体験をさりげなく忍ばせます。「専門店に競合商品を見に行ったんですけどね、陳列方法に、びっくりしたんですよ」と話し始めれば、その先も聞きたくなります。

これは、どんな形式のプレゼンテーションにも有効です。レポートだけで提出する時は、企

画は企画として書き出し、説明のところに、「サンプルを使った人から、こういう意見があったので、その問題を解決するための企画です」と体験を、さりげなく入れます。

ブレスト（ブレイン・ストーミング、議論）の場合、体験が最大限に活きてきます。ほかの人の企画に、あなたの体験を加えることができます。その企画がありかなしか、体験者としてジャッジができます。体験した人の〝気づき〟は、誰もが一目置くでしょう。

こうして企画会議に提出した企画は、一部が切り取られ採用されるかもしれないですし、全く採用されないかもしれません。それでも、ここまで考え、体験したことは、このプロジェクトで、これから先も大いに役立つはずです。

雑談になりますが、『Ｈａｎａｋｏ』という東京リージョナル（地域限定）マガジンの創刊直後、90年ごろの話です。主な特集は、「渋谷特集」「銀座特集」といった東京のタウン別レストランガイドで、内容的に、「企画を考える時間」より、体験が先でした。

「○号○月○日発売、渋谷特集」と、次の特集が担当デスクに配られます。そのとたん、デスクのメンバーは、いっせいに渋谷に飛び出します。朝イチから、小路、小路と入って、すべての道を歩きます。行ったり来たり、気になるところをチェックし、メモをします。昼と夜はチェックした店を数軒ハシゴして食べ比べます。店の人にも話し掛けて、情報収集をします。

こういった下取材、ロケハンをしながら、街のムーブメントを探り、それを企画にするのです。企画会議では、「雑貨屋さんのニューオープンが目立つ」「このエリアが深夜でも元気だった」「○○の2号店ができるらしい」など、具体的な店名が飛び交います。

いま振り返っても、あれだけ足と舌で集めた情報なのだから、『Ｈａｎａｋｏ』のレストランのセレクトは信頼できる」と支持されたのも当然だと思います。ネット検索できなかった時代だから、足で集めた情報に価値があったともいえますが、ネット検索できるいまの時代こそ、ネットにはない足で集めた情報はひときわ光るのではないでしょうか。

『Ｈａｎａｋｏ』の企画会議は、体験から始めますが、考えかたは付箋ワークと同じです。街なかの、ありとあらゆる情報を集め、グループ分けし、そこから企画を見出します。

編集者の勝負は、お題を配られてから、1秒でも早くロケハンに行くこと。なにか面白いものを見つけるために1秒でも長く歩くこと。1秒でも早く1秒でも長く考えないと、時間切れで大切なものを見逃すかもしれません。実際のところ、「そろそろいいか」と思ってからの、さらなるロケハンでこそ、ヒットが見つかる可能性が高かったのです。

相撲好きしかつくれないダイエット企画

体験を加える時に、いままでのあなたの体験を思い起こすというのも、とてもよい方法です。

私はよく、「自分に寄せる」というのですが、あなたの得意なこと、あなたの好きなことに寄せて考えてみるのです。得意なこと、好きなことというのは、あなたの体験です。しかも、一朝一夕の体験ではなく、年季の入った体験です。〝想い〟のない受動的企画でも、自分に寄せることで、〝想い〟を持つこともできます。

たとえば、女性向けダイエットサービスの企画を考える時、あなたが男性でダイエットにも興味がなかったとします。でも、あなたが「サッカー好き」なら、「前半戦、後半戦に分けてプログラムを組んだらどうだろう。間にちょっと甘やかしの休憩を入れる」と思いつくかもしれません。「相撲好き」なら、「相撲の四股ふみは骨盤を立てる練習にいいよな。四股ふみダイエットってできないかな」とコンテンツをつくれるかもしれません。

そんなふうに、自分に寄せることで、まるで違う視点からの発想が生まれます。

自分に寄せるためにオススメしたいのが、自分自身の棚卸しです。「サッカー好き」「相撲好き」より、もう少し詳しく自分を分析します。

専用のノートをつくってもいいでしょう。まず、いつなにをしていたか、年表をつくり振り返ります。入学、卒業、就職、結婚といった事実に加え、担任や友だちの名前、なにがあったか、なにが好きだったか、どんなことを考えていたか、何回かに分けて思い出します。

「長所」「短所」「好きなこと」「嫌いなこと」「好きだったこと」「嫌いだったこと」「悔しかったこと」「うれしかったこと」「欲しいもの」「やりたいこと」「夢」「目標」「好きな言葉」「好きな映画」といった項目を立てて、思いつくことをどんどん書き出します。

そうです。企画の考えかたと同じ作業です。「企画を考える時間」をつくるのと同じように、「自分の棚卸しをする時間」をスケジュールに組み入れます。自分がどういう人間で、どういう傾向があるか、言葉で整理することで、自分に寄せて企画を考えるヒントになります。

50代以降に、こういった作業をする人は少なくありません。先日も70代の編集者が「思えばいつも虚栄心が邪魔してきたなぁ」と自己分析していて、感慨深いものがありました。この自覚を、もっと若いうちに持つことで、目の前の仕事に反映できます。

まずは、自分の好きなことの記録をメモすることから軽い気持ちで始めてみてください。

2020年2月に行われた第92回アカデミー賞授賞式はご覧になりましたか。

最優秀作品賞は韓国映画『パラサイト~半地下の家族』が獲得しました。外国語映画として史上初の快挙で、監督賞、脚本賞、国際長編映画賞の各部門でも最優秀に輝きました。

最優秀監督賞を受賞したポン・ジュノ監督のスピーチがこうです。「私が映画の勉強をしていた時に、本で読んだ言葉で、いまも大切にしている言葉があります。『もっとも個人的なことは、もっともクリエイティブなことだ』という言葉です。これは、マーティン・スコセッシの言葉でした」。

『アイリッシュマン』で、同じく作品賞や監督賞などにノミネートされ列席していたマーティン・スコセッシに、敬意を表し賛辞を述べたのです。

ポン・ジュノ監督が大切にしているという、このマーティン・スコセッシの言葉は、すべてのクリエイティブに通じることだと思います。もちろん、あなたの企画や言葉にも通じます。

個人的なことは唯一無二。しかし、その感情は普遍的でもある。だからオリジナリティがあり、かつ支持される企画につながるのです。

「もっとも個人的なことは、もっともクリエイティブなことだ」。

第4章

読者の心を強く惹きつける言葉の選びかた

翻訳者のように丁寧に言葉を選ぼう

いまどきの女の子に向けて「ギャルにオススメ」と書いたら、令和ギャルではなく平成ギャルをイメージされてしまったという話を聞きました。私がイメージするのも、アムラー、コギャルあたり、90年代のギャルです。ガングロのヤマンバや、ａｇｅ嬢を思い浮かべる人もいるかもしれません。

「ギャル」というのは、時代、時代で、特定のカルチャーを持つ女性たちを指すのであって、若い女性一般を指す「ギャル」は死語になっています。

少し話が逸れますが、これを書きながら、「ＯＨ！ギャル」という沢田研二さんの歌があったなぁとＷｉｋｉｐｅｄｉａを調べたら、「沢田研二本人は『最も嫌いな歌』と言っている。理由は、阿久悠の女性を賛美する歌詞と、『ギャル』という言葉に新しくないイメージがあったと、デビュー25周年特番で沢田は語っている」とありました。

若い女性一般を指す「ギャル」は70年ごろから使われていたようですが、歌のできた

1979年時点で沢田研二さんは「新しくない」と感じている言葉なのです。阿久悠さんと約10歳違うので、その感覚にも差があったのかもしれません。

「ギャル」だけでなく、すべての言葉は、人によってイメージやニュアンスがまるで違ってきます。時代によっても、世代によっても変わってきます。

私の母が、大学で、『星の王子さま』（サン・テグジュペリ／岩波書店）を翻訳した内藤濯《ないとうあろう》さんの講義を受けていて、よくその話をしてくれました。

「湯船というのは、なんともいい日本語じゃありませんか。お湯の船ですよ」というような言葉の雑感。「お寿司の旨さというのは、食べて店を出て何百メートルか歩いてから喉元に『あー、旨い』と再現されるような旨さですね」というような言葉の掘り下げかた。

そして「『便所』というといかにも臭ってきますよね。だから『トイレ』と呼ぶようになったのです。『便所』の前は『厠《かわや》』と呼んでいました。『厠』が臭うようになって『便所』、『便所』が臭うようになって『トイレ』と変化したのです」と言葉の変化を説明してくださったそうです。

いまなら、「トイレ」も少し臭いますね。「お手洗い」のほうが臭わない。「お」をつけない「手洗い」だと「トイレ」と同じぐらいの臭いでしょうか。「化粧室」はもっと臭わない。でもパウダーなど別の匂いがしそうです。「レストルーム」「パウダールーム」じゃピンと来ない。あれ、意見が違いますか。この感覚には、男女差、世代差、地域差などあるでしょう。あなたは、マクドナルドをなんと呼びますか。マックですか、マクドですか。ばんそうこうの呼びかたも地域によって、バンドエイド、カットバン、サビオと違います。

こんなふうに考えると、言葉は楽しくなります。

同じ言葉でも人によってどう受け止めかたが変わるか。人によって違う、言葉のその〝ぶれ幅〟が大きいか小さいか。同じものを指すのにいまの時代ならどの言葉がいいか。言葉を言い換えてニュアンスを変えられるか。

翻訳者は日ごろから言葉を吟味して丁寧に選んでいます。そして、私たちが目指したい惹句のつくりかたは、こういう向き合いかただと思うのです。

本屋と本屋さんの使いわけにこだわろう

言葉の変化について話を続けます。

90年代後半から、ポリティカル・コレクトネス（ポリコレ）という「用語における差別、偏見を取り除くために、正しい用語に言い換える」活動が盛んになりました。

「スチュワーデス」が「キャビンアテンダント」に、「看護婦」が「看護師」にと、女性に限定されない用語になりました。用語が制定されて一斉に変化するものもあれば、正しい用語が推奨され徐々に変化していくものもあります。「女優」が「俳優」に「女医」が「医師」に定着してきたのは、この数年だと思います。

ここで難しいのは、「スチュワーデス」「看護婦」は使ってはいけません（使う必要がありません）が、「女優」、「女医」は使ってはいけないわけではないということ。職業として、単純に、「女優」「女医」と呼ぶのはよくないということです。

「女性も男性も俳優で、男性を男優といわず俳優というのに、女性を取り立てて女優という用語は、男女差別を誘発する」という考えはもっともです。でも、「女優」という言葉には、「俳優」という言葉にはない華やかさがあります。最近は「俳優」という言葉に置き換えられるので、ある種のクラシック感、ノスタルジーも感じます。

新人俳優のインタビューで、「令和の大女優を目指します」というタイトルを、単純に俳優に置き換えては、伝わるものも伝わりません。「原節子さんのような役づくりをしていきたい」などという記事の内容を伴って、「女優」という言葉をタイトルにするのなら、それは、とてもキャッチーになると思います。

また、「どの曜日も女医がいます」という情報があると、病院に行きやすくなる患者は必ずいるでしょう。

香港の民主活動家、周庭《しゅうてい》(英語名アグネス・チョウ)さんを「民主の女神」と呼ぶことに警鐘を鳴らす人もいます。「この時代になっても女性であることに意味を持たせるのか」「美少女として記号消費している」といった「女優」、「女医」と同じ文脈です。ご本人も、そう呼ばれることが好きではないと発言しているようです。

あなたは、どう思いますか。

私は、「女神」という言葉自体が好きで、神話の世界で、男神と女神は明らかに違うし、「女神」という言葉にはその違いも含んでいると思います。その意味でも、周庭さんが「民主の女神」と呼ばれることに違和感はありません。

ただ、一方、この私の感覚自体が、ジェンダー問題の根底にあるといわれれば、たしかにそうかもしれないとも思います。そして、これは、あくまで2021年の感覚であって、10年後には、性差はもっと関係のないものになっているかもしれません。

『BRUTUS』の特集、「本屋好き。」（2019年11月1日号／マガジンハウス）もよい例です。『記者ハンドブック』（一般社団法人共同通信社編著／共同通信社）のような一般的な表記基準に倣えば、「本屋」は「書店」です。「八百屋」は「青果店」、「魚屋」は「鮮魚店」、「床屋」は「理髪店」です。「〇〇屋」という形で職業を示すことは差別的になるからです。「本屋さん」と店舗を指すのはOKですが、「本屋」では店舗を指すのか、職業を指すのか曖昧です。

だから、「本屋好き。」というタイトルは、昔から「本屋」が好きでたまらない人たちのことを「本屋好き。」という複合名詞にしたわけです。このタイトルが、「書店好き。」でも「本屋さん好き。」でもニュアンスが違ってしまいますよね。

『POPEYE』の「君の街から、本屋が消えたら大変だ！」（2017年9月号／マガジンハウス）という特集も、「本屋」と明らかに店舗を指し、しかも愛情たっぷりにつくられたタイトルです。

私が『POPEYE』にいた時には、「坊主刈り」の表記に困っていました。「坊主」も職業差別になるので、「僧侶」にしなければなりません。もちろん、『POPEYE』では髪型の話です。話し言葉では普通に「坊主刈り」と呼ばれているところ、「丸刈り」ではニュアンスが違うし、「五分刈り」、「三分刈り」と使い分けることに意味はない……。**結局、編集部として、「ボーズ刈り」とカタカナ表記に統一した覚えがあります。**

言葉は、「女優」NG→「俳優」OK、「本屋」NG→「書店」OKという単純なものではありません。社会的矜持《きょうじ》は持ちつつ、時代時代にその意味やニュアンスに敏感でいたいものです。

言葉の言い換えで惹句が見つかる

翻訳者のように言葉を吟味するには、使おうとしている言葉を、ひとつひとつすべて考えてみる必要があります。

書き出したなかに、よく使われる言葉、普通すぎる言葉はありませんか。

特に形容詞、形容動詞は吟味が必要です。「美味しい」「楽しい」「美しい」「カッコいい」「きれい」「しずか」、どの言葉も普通すぎて目に留まりません。企画を考える時にも、「かわいい」を言い換える作業をしましたが、普通すぎる言葉は、どう「かわいい」のか、ほかの言葉に言い換えられないか必ず考えます。

文章の場合は、「かわいい」と書かずに「かわいい」ことを描写します。「手のひらにちょこんと乗る大きさで、そっと握ると、もふもふしている。生毛《うぶげ》の生えた桃のような淡い色合いも、また気持ちが上がる」のようなことですね。

タイトルやキャッチコピーの場合は、このような描写はできないので、かわいさを表す言葉を探すわけです。

文章だったらどう描写するか考えてから、「手のひらにちょこん」なのか「桃の気持ち」なのか言葉を抜粋する方法もあります。

単純に「可憐《かれん》」「甘美」「愛くるしい」などほかの言葉に言い換えることもできます。「かわいい」を「超かわゆす」「かわいらしい」「プチかわゆい」に加工するのはどうでしょう。

話が逸れますが、マガジンハウスの『Olive』（現在は休刊）や『anan』の全盛期（80〜90年代）をつくった淀川美代子さんという名編集長がいます。私も、淀川さんの『anan』に4年ほど在籍していました。

そのころの『anan』のなにがすごいかというと、すべてが「かわいい」か、「かわいくない」かで決まることです。写真も文も、「なんか、かわいくない」とボツになります。芸能人も服も雑貨も「かわいい」だけを集めます。

聞くところによると、淀川さんは、マガジンハウスに入社する時にすでに、「私はかわいい文章を書きたい」と言ったのだとか。淀川さんの言うところの「かわいい」を、感覚的に理解し、実践できるまで、1年はかかったと思います。

『anan』に関わるスタッフが全員、「かわいい」「かわいくない」を正しく判断して、ページをつくります。「かわいい」を実践すると『ａｎａｎ』ができる。それぐらい明確な「かわいい」がありました。

残念ながら、いまの時代、そこまで共通の価値観を持てる言葉はありません。だから、言葉の吟味を重ね、「伝えたいこと」にいちばん近い「かわいい」を表す言葉をつくるのです。

動詞もそうです。「歩く」「食べる」「痩せる」「遊ぶ」といった普通すぎる動詞は目に留まりません。「歩く」を「うろつく」「ほっつく」のように、ほかの言葉に言い換えます。「そぞろ歩く」「練り歩く」と複合動詞にするのも覚えておきたい方法です。

名詞もそうです。「ダイエット」という普通の名詞を、目に留まる新鮮な言葉に言い換えます。「ボディメイク」「痩せる技」……。言葉の足し算もできますね。「ダイエット術」「超ダイエット」……。

「吟味する」というのは、念入りに調べるという意味ですが、詩歌を吟じてその趣を味わうという意味でも使われます。言葉の吟味は、まさに、この意味。

言葉を因数分解して広げ、比べて味わい、ニュアンスも含め「伝えたいこと」に近いものを探していきます。

言葉を吟味したうえで、「かわいい」「歩く」「ダイエット」と普通すぎる言葉を、やっぱり使うというのはもちろんアリです。その場合は、そのほかの言葉との組み合わせで工夫をします。繰り返しになりますが、惹句をつくるには、ひとつひとつすべて、こうした言葉の吟味が大切です。

伝えたいことは1つに絞る

私は、編集の定義とは「誰かになにかを魅力的に伝えること」だと考えています。言葉をつくる時にも、同じことを自問自答します。「誰に」伝えるのか。「なにを」伝えるのか。どうすれば「魅力的に」伝わるのか。

では「何を」伝えるのかというとコンテンツの〝売り〟です。第3章で考え抜いたコンテンツの〝売り〟を伝えます。

大事なことは、〝売り〟を、1つに絞ること。羅列パターンなど例外はありますが、まずは、「伝えたいこと」を1つに絞ると決めておいてください。

再び、スティーブ・ジョブズの話です。ジョブズが広告にあれも入れたいこれも入れたいと言った時に、クリエイティブ・ディレクターのリー・クロウが、そこにあった紙を丸めてポンッとジョブズに投げました。もちろんジョブズは受け取ります。その後、クロウは紙を丸めたものを5、6個、いっせいに投げました。ジョブズは1つも受け取れません。「いいかい、スティーブ、言いたいことは、1つに絞るべきなんだ」。

タイトルや広告コピーも同じです。あれこれ盛り込むと、なにひとつ読者に届かなくなります。

しかし、「誰に」伝えるのか。その読者にどうすれば「魅力的に」伝わるのか。これが、タイトルと広告コピーでは異なります。

さまざまなタイトル（メディアタイトル、ブログタイトル、企画書タイトル、特集タイトル）の場合、「伝えたいこと」が、瞬時にわかることを目指します。ぱっと見た瞬間に理解できるかどうか。

タイトルは、ある程度、読みに来ている「顧客層」に向けたものだからです。興味のある言葉を検索してメディアタイトルや特集タイトルに行き着いた人、プレゼンテーションをする上司やプロジェクトのメンバー、そこにいる読者に向け、「読みたい」と思わせるタイトルが必要です。

一方、広告コピーの場合、「認知」が目的になります。「一般層」に向け、気づいてもらう、心をつかむ、「あ！」と思わせるための言葉です。

だから、「伝えたいこと」が瞬間にわかることよりも、「あ！」と惹きつけて3秒後に「なるほどねー」と思わせられればいい。「あ！」と惹きつけて、意味はわからないけれど、その言葉が頭から離れない、なんていうコピーも大成功でしょう。

つまり「伝えたいこと」が同じでも、「わかる」を追求するタイトルと、「キャッチー」を追求する広告コピーは、「誰に」伝えるのか、どうすれば「魅力的に」伝わるのかが違ってくるのです。

よく、「マガジンハウスの雑誌はタイトルがキャッチーですよね」といわれます。聞くと、『ａｎａｎ』の「セックスで、きれいになる。」（１９８９年4月14日号）や「きれいな裸」（１９９２年10月2日号）だったり、『Ｔａｒｚａｎ』の「頑張れ！チビ。」（１９９２年9月9日号）や「頑張れ！ハンディキャップ・ターザン。」（１９９３年7月28日号）だったりします。『ａｎａｎ』の「さよならは、私から言う。」（１９９０年3月16日号）と翌週の「こんどの恋は、私がみつけた。」（１９９０年3月23日号）のようなシリーズ企画を覚えている人もいます。どれもタイトルがキャッチーであるのはたしかですが、すべてコンテンツ、特集自体が強烈だからです。

「はじめに」で話したNさんを思い出してください。「顧客層」に向けたタイトルに、「キャッチー」を追求しすぎて、コンテンツとかけ離れてしまっては、顧客が離れてしまいます。そこは、誠実に、コンテンツの内容を「わかる」ことを優先したほうが得策です。

とはいえ、「わかる」と「キャッチー」は考えかたが違うわけではありません。どちらも

「伝えたいこと」を、いろいろな側面から考え、読者に向けた言葉をつくります。より、わかりやすい言葉を探していくと、結果として「キャッチー」になることも多いのです（キャッチーな言葉を探した結果わかりやすくなることは、あまりありません）。

たとえば小林製薬の商品群です。〈のどぬ〜る〉、〈しみとりーな〉、〈あせワキパット〉、〈爪ピカッシュ〉、〈ポット洗浄中〉、〈トイレその後に〉、〈キズアワワ〉、〈かかとちゃん〉、〈髪の毛集めてポイ〉、〈チン！してふくだけ〉……、どんな商品か瞬間に「わかる」し「キャッチー」ですよね。

実用書も、「わかる」を追求し、結果、どんどん「キャッチー」になっています。『長生きしたけりゃふくらはぎをもみなさい』（槙孝子／鬼木豊監／アスコム）、『どんなに体がかたい人でもベターッと開脚できるようになるすごい方法』（Ｅｉｋｏ／サンマーク出版）、『モデルが秘密にしたがる体幹リセットダイエット』（佐久間健一／サンマーク出版）、『見るだけで勝手に記憶力がよくなるドリル』（池田義博／サンマーク出版）、どれも「伝えたいこと」ズバリのタイトルです。

よさを語るだけでは押しつけと同じ

「誰に」「なにを」伝えるのか、明確になりましたか。次は、明確にした「読者」に向けて、「魅力的に」伝えるために考えます。

それには、明確にした「伝えたいこと」を、いったん脇に置きます。そして、明確にした「読者」が求めていることを「読者」側に立って考えます。「読者」が望んでいること、欲していること、欲望です。「伝えたいこと」の、どの部分を、どう聞けば、思わず「読む」か、思わず「買う」か。

わかっていても、これはなかなか難しいことです。こちらは、コンテンツに誠実に向き合い、〝想い〟を持ってしまったわけですから、その〝想い〟に固執しがちです。**でも、〝想い〟を熱く語って「これ、すごくいいんだよ」と押しつけても、「読者」にはウザいだけです。**最終的には、〝想い〟に共感してもらい、同じ〝想い〟を人に伝えてもらいたいわけですが、**その入り口では「読者の望みを叶える」言葉が必要です。**

三たび、スティーブ・ジョブズの話ですが、彼が、こう言ったそうです。「美しい女性を口説こうと思った時、ライバルの男がバラの花を10本贈ったら、君は15本贈るかい？　そう思った時点で君の負けだ。ライバルがなにをしようと関係ない。その女性が本当になにを望んでいるのかを、見極めることが重要なんだ」。

バラの花というコンテンツを見るのではなく、ましてやライバルを見るのでもなく、口説く相手を見る。相手が本当になにを望んでいるのかを見極め、それに沿った贈り物をする。これが、読者の立場に立つということですね。

実際に女性を口説く時は、バラの花ではなく、女性の本当に望むものをプレゼントしたほうがいいと思いますが、いまは、バラの花というコンテンツを届ける話です。

もし、女性が読書好きな人ならば、バラを押し花にして栞《しおり》にしてあげる。サプライズを期待しているようならば、贈るタイミングを演出する。宝石を欲しがっているならば、バラの花束に指輪を忍ばせる。いつ、どこで、どんなふうに贈れば、相手が喜ぶか考える。受け取ってもらわないことには、バラに込めた〝想い〟も伝わらないわけです。

マーケティングでは「3つのT」というそうです。「3つのT」、わかりますか。ターゲット（Target）、タイトル（Title）、タイミング（Timing）です。贈る相手（ターゲット）

の望みを見極めます。タイトルはカードに言葉を添えましょうか。そして、プレゼントを贈るタイミングも大切です。

なんだ、結局、マーケティング発想じゃん！　と思っている人もいるかもしれません。もちろん、コンテンツの〝売り〟を考えている時点で、読者やユーザー側から考えているわけですが、惹句をつくる時は、そこをできるだけ、〝恋人の望みを見極めるように〟、読者個人の立場で、誠実に考えてみてほしいのです。

マーケティングでも、商品やサービスのユーザーをイメージするために、ペルソナという顧客像を設定するのは定石です。**以前参加したファッション業界のｗｅｂメディアでは、ユニクロの柳井正さんなど数名の実業家をペルソナに設定していました。名だたる実業家がこぞって読むｗｅｂメディア、それは理想ですが、柳井さんがいつどこで、なんのデバイスでなにを読むかイメージできますか。その人の生活や興味をイメージできなければ、ペルソナの意味がありません。**

逆に、「24歳、女性、ｗｅｂデザイナー、独身、ひとり暮らし、猫を飼っている、趣味は日帰り温泉」などと、ディテールを決めながらも、「このペルソナはこうだろう」と想像で終わってしまうことも多いです。属性を並べても、なにも見えてきません。

あるいは「Ｆ１層（20〜34歳の女性）はこうだよね」とデータを引用することもあるでしょう。マーケティングでは、そういった属性によるデータづくりが盛んですが、データにしてしまうと逆に見逃してしまうこともあるのです。

〝恋人の望みを見極めるように〟というのは、データには乗らない微妙な欲望を察知しなければなりません。恋人自身が意識していないような潜在的な欲望に応えられたら、その恋はきっと上手くいきます。

ヒットメーカーが大事にしていたお茶会

〝恋人の望みを見極めるように〟、読者の気持ちを理解するには、読者になってほしい人に直接ヒアリングをするのがもっとも確実な方法です。そのコンテンツをどう思うか、どうだったら読みたいかといった直接的なことから、近況や最近の悩みなど、いっけん関係ないことも雑談してください。きっと糸口が見つかります。

ペルソナに謝礼を払って集まってもらうヒアリングもあるようですが、知人のなかからひとり話を聞くだけでも充分です。むしろ、改まった場でヒアリングするより、リラックスした状態のほうが、本音が聞き出せて有意義かもしれません。

またマーケティング用語になるのですが、それが「n＝1」のリサーチです。10，000人にアンケートをとったデータは、n（母数）＝10，000。「n＝1」はひとりにじっくりリサーチし、本当に望むもの、潜在的に欲するものをあぶり出す手法です。

女子高校生をターゲットにした『Olive』にいた40代の男性編集者は、**定期的に数名の**

読者とお茶会を開き、他愛もない話をたくさん集めていました。ただでさえ忙しい編集作業中、2時間も3時間も呑気《のんき》にお茶をしてくるので、早く仕事をすればいいのにと思っていました。

でも、彼にとって、**そのお茶の時間が、すべての源だったのです。企画の発想、記事のテイスト、自分の〝想い〟も、お茶の時間に聞いたこと、感じたことが拠りどころです。そういう意味では、もしかすると、いちばん大事な仕事だったのかもしれません。**

実際、彼は、読者に近い若い女性編集者よりずっと、ヒット企画を次々に飛ばしていましたから、「n＝1」のリサーチの賜物です。

「n＝1」のリサーチは、誰かひとりに話を聞くだけとは限りません。自分自身が体験するのもリサーチです。デザインエンジニアの先駆者、田川欣哉さんの『イノベーション・スキルセット～世界が求めるBTC型人材とその手引き』（大和書房）で読んだ話です。

ダイソンがドライヤーを開発する時、チームのメンバーに1か月、美容院で修業させたそうです。現場で毎日のようにドライヤーに触れ、どのように使われ、どのように保管され、なにが問題で、どうであってほしいのか。ドライヤーにまつわる悩みやニーズを、単純化、一般化したデータではなく、そのままの形で理解すること。そこから、商品開発のデザインを始めたからこそ、あれだけユニークなプロダクトができたわけです。

創刊から90年代の『Ｈａｎａｋｏ』は、編集者、スタッフの属性が、ほぼイコール読者でした。27歳の東京で働く女性。「結婚とキャリアだけじゃイヤ！」と思っている、好奇心旺盛な世代。自分で稼いだお金で、グルメや旅を楽しむ『Ｈａｎａｋｏ』族。だから、自分のやりたいこと、知りたいこと、見たいことを、そのまま企画にしていました。

30名のスタッフのうち2人、3人が騒ぎ出すものが、流行の前触れです。『Ｈａｎａｋｏ』がつくった社会現象、たとえば、ティラミス、クレームブリュレ、タピオカなどのブームは、いつもそうして始まりました。

最初は、2人、3人が、そのうち編集部のメンバーが次々にティラミスにハマり出します。毎日のように編集部で情報交換が始まり、その熱量のまま特集をつくると、読者にも熱狂を生み、ブームになるのです。

そうでなくても、昔の雑誌編集部はいつも賑やかでした。来客やスタッフや読者モデルが、きゃっきゃとおしゃべりしていて、その〝場〟から企画は自然発生的に生まれていったものです。「あの企画はよかった」「こんな特集をやってほしい」といった読者からの手紙も、誌面に反映されていました。

ダイソンのデザインチーム同様、「n＝1」の集合体が編集部だったわけです。この組織づくりは、いまでも、webでも、有効な手立てだと思います。

「n＝1」のリサーチを重ねても、恋人の望みを見極めるのが難しいのと同じぐらいには、読者の望みを見極めるのも難しいことです。読者の望みが言葉通りとも限りませんし、読者が心変わりすることもありま す。それでも、誠実に、粘り強く、何度も向き合ってみてください。

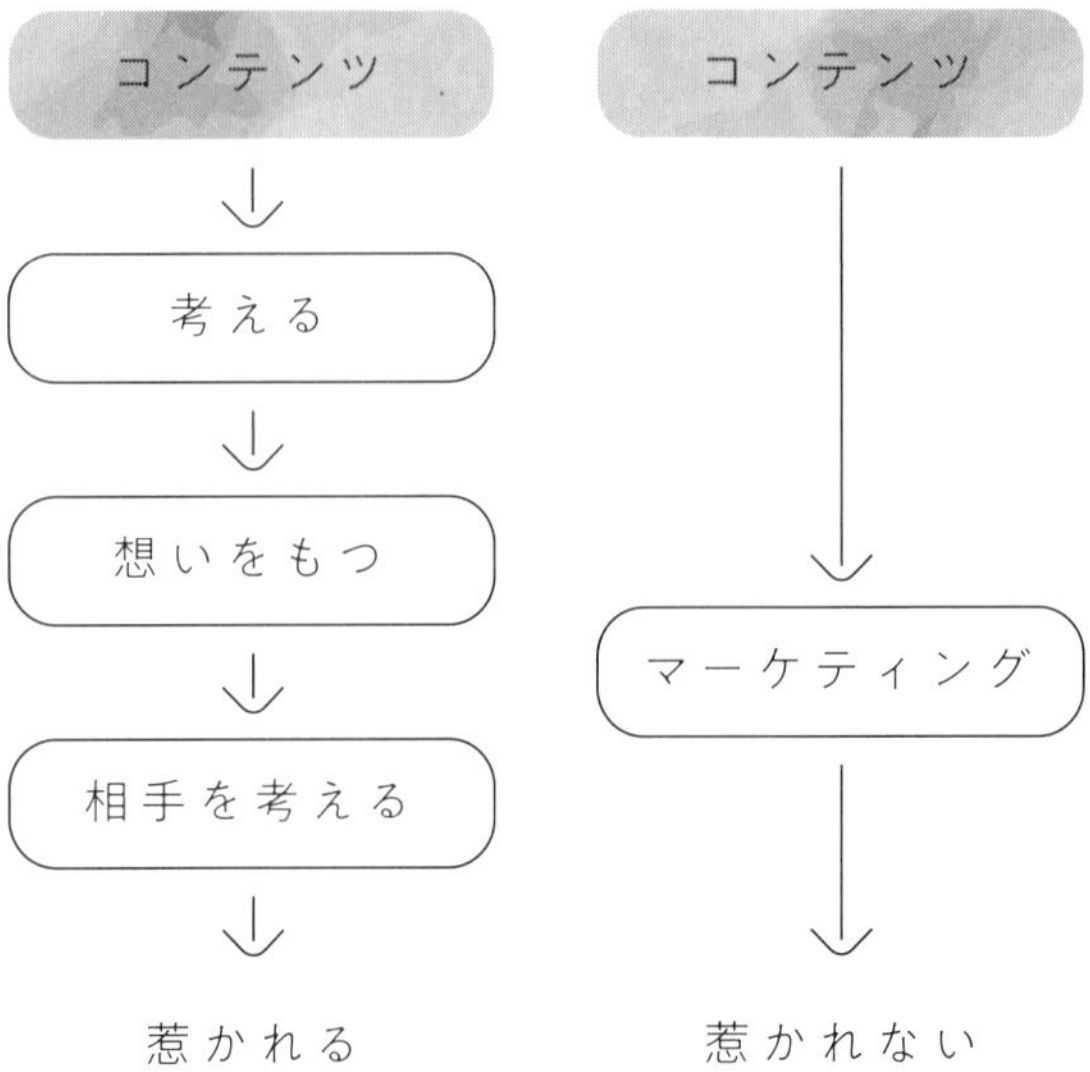

一対一で会話するように言葉を選ぶ

「n＝1」のリサーチを重ね、読者に誠実に向き合いました。誠実に向き合った読者に、書き手である〝私〟が、言葉を届けます。書き手と読者をつなぐ惹句ですから、書き手と読者の立ち位置を考えてみる必要があります。

コンテンツをつくった〝我々〟と〝一般層〟といったn＝10、000ではなく、ここでも、「n＝1」、書き手個人と読者個人でイメージしてみましょう。

書き手と読者の関係は、大きく分けて、3つあります。「対話型」、「寄り添い型」、「なりきり型」です。顔と顔を突き合わせて向かい合っているのが「対話型」。横に並び同じものを見ているのが「寄り添い型」。読者になりきる一人称が「なりきり型」です。それぞれ、現実の会話をイメージしながら、考えてみてください。

「対話型」には、提案、命令、問い掛け、告知、語り掛け、お願いなどがあります。上からなにか示唆するのか、親近感を持ってタメ口なのか、いろいろな関係性があります。呼び掛けの人称代名詞は、「あなた」「君」などでしょうか。

「寄り添い型」は、読者の隣に立ちます。肩を組むか、手に手をとるか。共感、励まし、提案、語り掛けなど。人称代名詞は、「わたしたち」「僕ら」「俺ら」などです。

「なりきり型」は、読者になりきって一人称で考えます。叫び、つぶやき、宣言など。人称代名詞は、「わたし」「僕」「俺」などです。

提案、語り掛け、宣言などは、その距離感で、どの型にもあり得ます。あまり、厳格に考えず、現実の会話で考えてみるとイメージしやすいです。

同じ内容で、立ち位置を換えて、言葉のバリエーションをつくってみます。

対話型

あなたにもっとも効くダイエット法を探せ（命令）
本当に効くダイエット法はどれ？（問い掛け）
発表！あなたにいちばん効くダイエット術（告知）

寄り添い型

いちばん効く方法で夏までに３ｋｇ痩せよう（共感）

わたしたちに効くダイエット法を探しましょう（提案）

本当に効くダイエット法だけ知りたいよね（語り掛け）

なりきり型

わたしに効くダイエット法、見つけた（一人称）

話題のダイエットをいろいろ試してみたい（つぶやき）

最高に効くダイエット法で夏までに痩せる！（宣言）

「伝えたいこと」が、新商品だったり、ものやサービスの場合は、どちらかというと「対話型」のほうが、「お！」と受け止めてもらえます。「伝えたいこと」が、〝気分〟だったり、言葉にならない感情だったり、センシティブな場合は、「寄り添い型」や「なりきり型」がしっくり来ることが多いです。これは、現実の会話でも、同じことがいえますね。

書き手個人と読者個人で考えるのがいいと言ったのも、現実の会話と同じです。そのほうが、強く相手に届くからです。
逆に、読者を複数に見立てたほうが、「伝えたいこと」の〝気分〟に近づくこともあるでしょう。学校の教室や、セミナー的に解説する場合、連帯感、お友だち感を出したい場合などです。

個人から複数に話す「対話型」

みんなに効くダイエット法を見つけました（語り掛け）
諸君、これが最新ダイエットだ（告知）

複数の「寄り添い型」

わたしたちの新基準ダイエット（宣言）
ウチら、夏までに3kg、痩せようね（共感）

誠実に向き合った読者に、もっとも伝わる、書き手の立ち位置を模索してみてください。

第5章

少ない文字数でも目を惹く言葉をつくるコツ

売りを「まとめる」か「抜き出す」か

序章で記事タイトルをつくる流れを説明しましたが、この章では、さらに具体的な話をしていきます。字数がある程度決まっている記事タイトル、企画書タイトル、POPなどに役立つ考えかたです。

『anan』のテーマタイトル（4ページか6ページのテーマごとにつけるタイトル）は、長年、16字×2行です。近年はページによって、15字1行、10字×2行などと、短いものも目立ちます。

雑誌のテーマタイトル、記事タイトルは、改行があるので、それを活かします。1行目を読点か句点で切ること（言葉が行をまたがないこと）、1行が14字、もう1行が11字と、行の長さに差をつけることなどです。手書きのPOPなど2行にわたる言葉は、行の長さに差をつけたほうが読みやすくなります。

改行が指定できないwebコンテンツの場合も、読んだ瞬間に理解できる記事タイトルは、30字以内が目安です。構成的に2つの文になることはあると思いますが、30字の途中に「句点」を入れない工夫ができると、ブツッと切れることなく、一気に読みやすいです。

句点のかわりに、「○○さんが語った「〜〜〜」」、「○○の理由とは?〜〜〜だった」と〝カギかっこ〟や感嘆符「!」、疑問符「?」など記号を上手に使うといいでしょう。

記事タイトルの基本は、コンテンツの「〝売り〟をまとめる」か「〝売り〟を抜き出す」かの二択です。どちらにしても、〝売り〟をズバリ伝えるタイトルが理想です。

「〝売り〟をまとめる」というと、内容を総花的に列挙したり、「なにについて書いたか」仮タイトルのようになってしまう人がいます。

「映画『△△』を撮影中の○○さんに聞いた撮影秘話とこれからの目標」というようなタイトルです。○○さんにインタビューしたこと自体、たしかに〝売り〟ですが、それだけではほかのメディアと差別化できません。「撮影秘話とこれからの目標」も常套句で、なにも伝わりません。

そうではなく、あくまで、取材し記事にした内容を受けて、いちばん「伝えたいこと」、つまり〝結論〟(もしくは主張)に絞ります。読者は、それを読むと、どんな〝お得〟がありますか。「○○さんが話した情報」にスクープはありませんか。○○さんに会ったことのない読者にどのように「○○さんの人となり」を伝えますか。その「伝えたいこと」がタイトルにする

〝売り〟です。

これは、原稿を書く時点で決めておくことでもあります。もっというと、取材をする前から決めておいて、取材結果を受けて軌道修正や微調整をして、確定することです。ほかの記事との差別化を考え、この記事ならではの、読者が望んでいる情報を、〝売り〟に決めます。記事ひとつひとつもコンテンツですから、コンテンツのつくりかたと同じ考えかたです。

雑誌の特集タイトルが、取材前に決めたものでも有効なのに対し、記事タイトルは必ず取材後にその〝結論〟を踏まえつくります。特集タイトルや広告コピーに比べ、よりコンテンツに近く密着したものにします。記事タイトルでキャッチーを追求し、「おっ！」と目を惹いたとしても、記事の内容がそぐわないと、読者はすぐ離脱してしまいますから。

一文を抜き出すならこの4箇所

「〝売り〟をまとめる」方法が、記事の内容を説明するのに対し、もう1つの「〝売り〟を抜き出す」方法は、〝売り〟のエッセンスを表示するタイトルです。

記事のなかから〝売り〟を象徴する一文を抜き出すのですが、その一文が〝ちょっと気が利いていること〟やウィットがあることが最大のコツになります。

○印象的な一文を抜き出す

芸能人や取材に慣れている人だと、キャッチーな表現を持っていたりします。「お！」と新鮮に感じた表現は取材中からチェックしておきましょう。タイトルすべてを「カギかっこ」に入れたコメントにしてもいいと思います。

◯締めの1行を抜き出す

本当に最後の一文をそのままタイトルにできればカッコいいですが、最後の段落からキーワードの入った一文を抜き出してもいいでしょう。タイトルでキーワードが気になった人に最後まで読ませる効果もあります。

◯最初の一文を抜き出す

最後の一文を抜き出す方法よりハードルが高いかもしれません。「プロポーズから結婚まで紆余《うよ》曲折ありました」のように、記事を象徴しつつも、内容は読まないとわからない一文が書けた時に使ってみましょう。

◯記事がテーマにしている象徴的な一文を抜き出す

『象は鼻が長い』(三上章／くろしお出版)という日本文法入門書があります。二重主語問題の代表例文「象は鼻が長い」をタイトルにしています。

最後の2つの方法は私も使ったことがないのですが、最初の2つは意外と簡単に使えます。

どちらも取材中や打ち合わせ中に、「この言葉使える！」と思えることがポイントです。そんなユニークな表現に出会ったら、最初からタイトルに入れるつもりで、記事内に入れ込んだり、最後の結論に回したりするといいでしょう。

ただし、間違ってはいけないことがあります。あくまで、「〝売り〟を抜き出す」のであって、どんなにシャレた一言でも、記事全体の〝売り〟と関係ないことでは、いけません。○○さんの純朴さを〝売り〟にするのに、「○○さんインタビュー『シャンゼリゼで爆買いしたい』」では成り立ちません。「シャンゼリゼで爆買いしたい」に象徴されるような、〝売り〟に構成し直すか、抜き出す言葉を変えるか、どちらかを変えましょう。

「〝売り〟を抜き出す」タイトルのバリエーションとして、〝売り〟の単語を羅列する方法もあります。**〝売り〟を1つにまとめられない時、いろいろ載っているのが〝売り〟だという時に、内容を羅列します。**「肩こり、冷え性、腰痛、目の疲れ、運動不足……女性の悩みを一気に解決！」などとやる例です。タイトル的には芸がないですが、SEO対策には有効だったりします。

〝売り〟を羅列する方法を含め、この「〝売り〟を抜き出す」方法は、「〝売り〟をまとめる」方法に対し、たまに使うのが効果的です。「〝売り〟を抜き出す」方法の、シャレた一言も、ずらっと並ぶと、粋ではないですし、〝売り〟を羅列する方法も2つ以上あるとごちゃごちゃした印象になります。

雑誌の目次を見てみると、ほとんどが「〝売り〟をまとめる」方法で、1冊に1つか2つぐらい「〝売り〟を抜き出す」方法が使われています。webコンテンツでも、10本に1本ぐらいの割合でこそ、光る言葉になると思います。

五感を研ぎ澄まして惹句を見つける

90年代の『Ｈａｎａｋｏ』で、レストランガイドをつくっていたころです。担当エリアのすべての道を歩き、ニューオープンのすべてのレストランで試食をする、いわゆるロケハンから企画を考えていたという話をしました。

実際のレストラン取材になると、1軒につき1時間かかります。カメラマンと取材に行き、挨拶を済ませると、さっそく調理にとりかかってもらいます。その間に外観、内観を撮ります。撮影用の料理を出してもらうと、カメラマンが撮影している間に取材します。つくっていただいた料理は、必ず試食し、その料金を支払って店を出るまで、だいたい1時間です。

レストラン取材は、ランチのあとディナー前の時間に限られるので、1日3軒、回るのが精一杯。毎号、15、16軒を取材するのに、1週間以上かかっていました。ところが、Aさんという、当時20代の女性編集者は、3日ぐらいで取材を終えることもざら。原稿を書くのも速く、しかも文才を編集長に褒められ重用されていました。

ある時、一緒に回っていたベテランカメラマンが教えてくれました。「Aなんて、ほとんど取材しないからなあ。料理つくってもらって、僕が撮り終えたら、即、撤収だよ」。だから、1軒30分の取材で、1日、4、5軒回れるというのです。

Aさんがほとんど取材しない理由。それは、ロケハンの時点で、あるいは、その店を取材すると選んだ時点で、店の〝売り〟、書くことを決めているからです。ロケハンで試食している時に、「美味しい！　このオムライスのチキンライス、なにか違う！」と感動し、その時に（『Hanako』とは明かさず）お店の人に、「チキンライス、すごくコクがあるんですね。なにが入っているんですか」と声を掛け、ひそかに取材しているのです。

それを聞いてから、Aさんの原稿を読むと、たしかに、自分が見たこと、食べたこと、その印象を中心に、じつによく、店や料理を表現しています。五感をフルに使って、店の〝売り〟を見つけ、それをそのまま素直に書いています。だから、取材もあまりせず、原稿も早く、結果、編集長にも褒められるのです。

取材とは、必ずしも、取材日に、店の人に直接、「味の秘訣はなんですか」と聞くことではありません。取材前のロケハンから、〝売り〟が決まっていると、そのあとがずっと楽になります。これは、レストラン取材でなくても同じです。

取材前に、あらかじめ、取材内容を確認します。もちろん取材をするまではわからないのですが、「こういう話を聞き出そう」と、聞きたいことを決めておきます。大事なことなので繰り返しますが、取材相手が話したいことを聞くのではなく、こちらが聞きたいことを聞き出すのが取材です。聞きたいことを聞き出せたら、それが、〝売り〟になります。

取材というと、編集者やライターの仕事と思うかもしれませんが、そうではありません。聞きたいことを聞き出し、〝売り〟を探す取材は、コンテンツをつくる時に加える体験にも、下取材やロケハンにも、「n＝1」のリサーチにも、あなたのふだんの生活にも、必ず役立つ技術です。

旅先で地元の人が行く美味しい店を聞き出すのも、スーパーで今日の魚のお買い得を聞き出すのも取材です。言葉で質問しなくても、怒らせてしまった恋人の気持ちを察するのも、なにも言わない子どもが欲しいものを察するのも取材です。五感をフルに活用しましょう。

いまはメーカーもなくなってしまったのですが、昔、「sea note」というノートを愛用していました。そのノートの表紙に、こんな言葉が書かれていました。

Nature has given us two ears,

two eyes, and but one tongue;
to the end that we should
hear and see more
than we speak.

「自然は私たちに、２つの耳、２つの目、１つの舌を与えました。だから、私たちは、話す以上に、よく聞いて、よく見なければなりません」というソクラテスの言葉です。取材についていえば、まったくその通りです。いつも自戒の念を込めて、ノートを使っていました。

文章やメールがスラスラ書けるコツ

文章を書くのが苦手という人は多いのですが、そういう人に聞きたいのは、「なにを書くか、決めてある？」ということです。

「そりゃ当然ですよ」と言うかもしれませんが、「本当に？」と尋ねます。「そりゃ当然ですよ、○○に対する弊社の取り組みです」「そりゃ当然ですよ、△△さんのインタビューです」と言いますが、それは仮タイトルの状態です。

○○に対する会社の取り組みがどうだと言いたいのか、△△さんのインタビューで聞いたなにを書くのか、その主張（もしくは〝売り〟、もしくは「結論」、もしくは「伝えたいこと」）を決めるということが大切なのです。

文を書くのが苦手な人の80％は「なにを書くか」決めていません。

「なにを書くか」決めたら、その「伝えたいこと」を伝えるための構成を考えます。「主張→理由1→理由2→理由3→再び主張」という構造を基本に考えると、「伝えたいこと」がブレずにいいと思います。

加えて言うと、「主張→理由1→理由2→理由3→再び主張」に該当しないことは、書かない思い切りも大切です。

これは、webメディア、特にインタビューに多く見られる傾向で、（多くの場合、字数制限がないので）相手が話したことを時系列にすべて盛り込んで、主張がなくなっていることがあります。

主張に関係ないことを書かないことで、主張により光があたり、むしろ、そのほうが読まれる記事になります。

少し話が逸れますが、文章を書く時は、書く作業と、直す作業を分けることも大切です。「なにを書くか」決め、構成を決めたら、そのあとは、一気にスピード感を持って書きます。

言葉や漢字に迷っても止まらず、わーっと書ききる。書ききってから初めて推敲《すいこう》をします。

1行目から文にこだわり、「うーん」と唸り出し、書いては消し、書いては消し、前の段落を読み返しては戻ることを繰り返していると、書くことが嫌いになってしまいます。

推敲のいちばんのポイントは、主張が明確に書けているか、主張を導く理由に説得力があるか、です。

ひとりよがりにならず初めて読む人が理解できるように説明できていれば、それが伝わる文章です。

メールも文章です。メールをする目的でもある、「なにを書くか」を確認しましょう。その「伝えたいこと」を伝えるための構成も決めます。

「打ち合わせの日時を変更してほしい」というのが「伝えたいこと」ならば、文面は、構造通り、「打ち合わせの日時を変更してください（主張）。なぜなら〜〜（理由1）。すみません。○日○時はいかがでしょうか（再び主張）」と書きます。

メール件名は「伝えたいこと」を瞬間に「わかる」ようにする、〝結論〟ズバリです。「打ち合わせ【日時変更】のお願い」でどうでしょう。

「次回の打ち合わせについて」だと緊急性が感じられません。「お願いがあります」も回りくどいです。

〝売り〟というと少し違いますが、「伝えたいこと」を【】で強調して、ズバリ伝わるようにしました。

最近は、仕事までも、LINEやメッセージアプリでやりとりする人も多いと思います。Slackのようなコミュニケーションツールも進化していて、メールの出番がかなり減っているのではないでしょうか。メールをする時は、「タイトルづくりのチャンス！」と思って、結論をズバリ伝える練習をしてみてください。

読者を途中で飽きさせない工夫

記事コンテンツの構成についても少し説明しようと思います。

トップ画像、見出し画像などといわれる、メインビジュアルは、惜しみなく、ベストのものを使うといいです。書店で表紙を見て、思わず〝ジャケ買い〟する雑誌があるように、画像を見て思わずクリックする記事もあります。タイトルと別に表示されるとはいえ、大体、近くに配されているので、タイトルとセットで訴求することもあるでしょう。

記事内のビジュアルで、同じところで撮った、同じ人物の写真で、表情が違うものを、何点も使っているケースを見掛けますが、同じような写真ばかりなら、無理に点数を入れる必要はなく、むしろ邪魔になります。1ページに1点以上などと決めているメディアもあると思いますが、意味のある写真、文章とリンクしたビジュアルを心掛けてください。

雑誌の場合、見開きに5、6点、ビジュアルがあると、必ずしも順番に見てもらえるとは限りません。よくいわれることですが、右開きの雑誌は、左ページの左上に目が行きやすいです。もちろん、場所は関係なく、大きな写真やインパクトのあるビジュアルにも先に目が行きます。

その点、webコンテンツだと、テキストを読みながら、見てほしい箇所で、見てほしい順番に、ビジュアルを表示できます。記事内のビジュアルは、そのリズムを計算して、記事の箸休め的に挟んでいきます。記事を読んでも文字だけでは伝えきれない内容を、ビジュアルで説明する。記事の内容とリンクして見せたい写真を挟む。あくまで、読む時のリズムを邪魔せず、記事を補足、援護するビジュアルです。

記事内のブロックごとに入れる、中見出しも、記事内のビジュアルと同じで、読む時のリズムを助けるために入れます。読みながら少し飽きてきそうなところで、中見出し。ひとつ大きなトピックスが終わったところで、中見出し。そこで読むのを離脱させず、次へ、次へと読者を引っ張る役目です。

ということは、中見出しというのは、次のブロックに書かれていることを、いかに魅力的に伝えるか。記事タイトルと同じ考えかたです。次のブロックに書かれていることの、「〝売り〟をまとめる」方法、あるいは、「〝売り〟を抜き出す」方法（羅列する方法も含みます）を使います。

中見出しの場合、ＳＥＯ対策は気にしなくていいので、マストな言葉もありません。記事タイトルより少し気楽に、次のブロックの〝売り〟を探します。「〝売り〟を抜き出す」方法も効果的ですし、「〝売り〟を抜き出す」方法が多くなっても構いません。気の利いた言葉で「お！」と思わせ次を読ませる、その繰り返しで最後まで引っ張ります。

写真にキャプションをつけられる場合は、記事の内容とリンクしつつ、記事にはないプチ情報を入れるといいです。読む時のリズムをつくる記事内ビジュアルや中見出しと違うので、キャプションだけ読んでもわかるような独立したものを、遊び心を持って軽い気持ちで書いたほうが読みやすくなります。

見るだけでワクワクする目次をつくろう

わりとよく読むスポーツ系のｗｅｂメディアがあるのですが、たぶん、ライターが記事タイトルをつけ、そのまま出しているのでしょう。トップ画面で見た時に、1行のものもあれば、3行で途中までしか表示されないものもあり、かなりバラついているのが気になっています。タイトルの温度差も、笑っちゃうぐらいバラバラで、そのバラバラさが、けっこう邪魔になるのです。アンカーマンのような、全体を整理してまとめる人を置き、タイトルを調整すれば、ずっと見やすくなるのになぁと思っています。

雑誌の場合、テーマタイトルは、担当編集がつけたり、ライターがつけたりしますが、それらのタイトルを調整する責任者がいます。いっせいに全部の記事が揃うわけではないので、テーマごとにいいと思うタイトルをつけていっても、全体が出揃った時に、似たような言葉が並んでしまうからです。

たとえば、特集タイトルの言葉が、テーマタイトルにも何度も出てくるパターン。ダイエット特集で、「〜なダイエット」「〜するダイエット」「ダイエットの疑問」などと、テーマタイトルに並ぶと、しつこいですよね。ダイエットの特集なのだから、テーマタイトルは、必ずしもダイエットという言葉を使わなくてもいいはずです。

たとえば、同じような体言止めのタイトルが並ぶパターン。「〜の秘密」「〜の神技」「〜のヒント」などと並ぶと、言葉の力が相殺されてしまいます。体言止めばかり、用言止めばかりが並ばないように調整します。

「〝売り〟をまとめる」タイトルと、「〝売り〟を抜き出す」タイトルのバランスも大切です。繰り返しになりますが、「〝売り〟をまとめる」タイトルが8〜9本、「〝売り〟を抜き出す」タイトルが1〜2本ぐらいのバランスにしたいところです。

テーマタイトルの、前後の並びを見て言葉を調整したり、場合によってはコンテンツの順番を入れ替えたりします。

理想としては、目次を開いて、テーマタイトルを見ただけで、ワクワクが広がるような構成。次々に順を追ってテーマタイトルだけを読んでも、飽きさせず、並びにストーリーを感じさせるような構成です。

ｗｅｂコンテンツは、書き手も読者も、メディアという意識があまりないのですが、それでも、記事コンテンツを辿《たど》って、メディアトップに行き着くことは多々あります。その時に、メディアとしてのテイストが見えると、メディア自体のファンも増えていくのだろうと思います。コーポレートサイト、法人のブログやｎｏｔｅの投稿などにもいえることです。記事タイトルを並べてみた時のストーリーやテイストが、そのまま、その法人のイメージにつながります。ｗｅｂサイト『ほぼ日刊イトイ新聞（ほぼ日）』は、その点、とてもよく考えられているお手本だと思います。

ｗｅｂコンテンツのテコ入れをしようとする時、手っ取り早く、お金を掛けずにテイストを打ち出したいのならば、まず、記事タイトルを調整することです。書き手と読者の立ち位置を決め、文体や表記、テイストを統一して、記事タイトルに修正を加えるだけでも、ずいぶん違ってきます。それぐらい、記事タイトルは大切です。

ひと目で伝わるビジネス文書とは？

ビジネス文書のタイトルは、「○○のお知らせ」「○○のご案内」「○○のお願い」「○○のお詫び」「○○のお礼」などと、フォーマットが決まっているものが多いです。文書の目的がすぐわかる、ビジネスの知恵でもあります。

もちろん、それを変える必要はないですが、もう少しカジュアルでも許される文書、たとえば、提案書、企画書、見積り書などに、記事タイトルの考えかたを応用してみてもいいのではないかと思っています。特に、コンペの場合、タイトルからガツンと行きたいものです。

記事タイトルは、記事であるコンテンツに向き合い、読者に向き合い、言葉に向き合い、吟味を重ねて、寝かせて、人に聞いて決めていきます。考えかたはまったく同じです。

提案書であれば、提案する内容があります。せっかく、考えに考えた提案なのに、「御社の○○におけるSEO対策のご提案」では、仮タイトル状態です。SEO対策を検討した結果、なにが問題で、それをどう解決する提案なのか。この提案を実行すればどうなるのか。

コンテンツ、この場合は提案ですね、提案に向き合い、顧客に向き合い、〝売り〟を1つに絞ります。その提案の具体的な内容、もしくは、提案を実行したあとの状況、どちらか、より〝売り〟になる結論を、「〝売り〟をまとめる」方法でタイトルにします。「〝売り〟を抜き出す」タイトルは、さすがにビジネス向きではありません。

〝売り〟をタイトルにするだけでも、ずいぶん変わると思いますが、もう一歩、新しいものにするのなら、〝名詞〟から、主語と述語がある〝文〟に変えてみてください。**「〜ご提案」「〜企画書」「〜お見積もり」というタイトルを、「〜獲得します」「〜2倍にする」「〜しましょう」などと、用言止めで言い切るのです。かなり強い印象になります。**

通例と違いすぎて自信がない時は、用言止めのタイトルの上に、小さな文字で「〜ご提案」と副題を入れておいてもいいですね。プレゼンの段取りとして、1枚目に表題「御社の○○におけるSEO対策のご提案」を小さめの文字で入れ、2枚目に大きな文字で結論的タイトルを入れるパターンも、もちろんあると思います。

ビジネス文書でも、社内向けであれば、挑戦しやすいでしょうか。社内文書や資料の表題などに、「〝売り〟をまとめた」タイトルをつけることで、わかりやすくなるようであれば、ぜひ取り入れてみてください。社長とか上の人から、社内文書のタイトルに工夫をするようになると、風通しのいい会社になるんじゃないかと思います。

時間がなく、「いますぐタイトルつけなきゃ！」という時のために、ビジネスのタイトルに役立つ即席テンプレートをお伝えしましょう。

◯「〝売り〟は◯◯です」

「この提案の〝売り〟は◯◯です」「読むだけで◯◯がわかります」、この◯◯に当てはまる言葉をそのままタイトルにします。たとえば、「売り上げを2倍にする3つの施策」のようなものになるでしょう。

◯相手の〝買い〟を入れる

上司でしょうか、顧客でしょうか、相手のいちばん欲しいものを言葉にします。「なにが欲しいですか」と聞いて、答えるであろうことを、より具体的にタイトルにします。たとえば、「コンバージョンにつなげたい」と口ぐせのように言う顧客なら、「コンバージョン率を3か月で5％から10％にアップします（アップする方法）」というタイトルにします。

◯タイトルの「定型パターン」（68ページ）に落とし込む

ふだん使っている体言止めの名詞を、これらのものに置き換えてみます。「〜の秘密」「〜宣言」「〜案内」「〜の法則」「〜術」「〜ということ」「〜の基本」などは、ビジネスでも充分に使える名詞です。数字を使って具体的にしたり、言葉の対比や並列も、すぐにでも使える方法です。名タイトルのパロディは……、相手との関係性で考えてみてください。

第6章

惹句をつくれるようになる簡単な心がけ

対象読者以外の立場で言葉を見直す

言葉は、時代によっても、世代によっても、人によってイメージやニュアンスがまるで違ってくると言いました。

つまりこれは同時に、同じ言葉の意味やニュアンスを共有できない人がいるということでもあります。**よく日本語話者同士で「日本語が通じない」といいますが、同じものを見ても感じかたが違うし、同じ言葉を使っても意味が違うし、行き違いや語弊はつきものなのが言葉です。**

言葉を書くということは、書いたその時から、ある意味、公のものになります。

「ＮｏＭｏｒｅオジサン先生、オバサン先生！　若い先生ばかりで和気あいあい！」という塾のチラシを、高校の校門の前で配っても、誰か必ずオジサン先生、オバサン先生の目に入ります。オジサン先生、オバサン先生でなくても、こういうセンスの塾に、親は行かせたいと思うでしょうか。ペルソナが高校生だからといって、ペルソナ以外の人が読んだらどう思うか、そこまでケアしなければなりません。

ましてや、拡散が簡単なwebコンテンツなら、なおさら注意が必要です。特定のメディアに向けて書かれた記事が、Ｙａｈｏｏ！ニュースに転載され、本来想定していなかった読者からの批判でコメント欄が荒れることも多いですよね。読者の立場になるのと同時に、ありとあらゆる人の目に留まることを意識しなければ、思わぬ炎上を引き起こします。

最近見掛けた表現では、子どもを産める年齢について伝聞をさらりと書いているものと、具体的な病名を挙げつつも、書き手が無知なまま病気のイメージを語る言葉にドキッとしました。どちらも、「伝えたいこと」を書くのに、わざわざ言及する必要のない表現で、それぐらい軽い気持ちで書いているのでしょう。軽い気持ちで書かれた言葉でも、当事者が読んだらどう思うのだろうと悲しくなります。

差別語、不快語にマニュアルはないということを言いましたが、単語ひとつひとつの是非より、表現として、言葉として、読んだ人がどう思うかを丁寧に考えます。ここでも、「立場を換えて考える」ことが大切です。読者以外の人の立場に立ってみる、それだけで防げることです。

特に気をつけたいのが、セクシャルハラスメント、パワーハラスメントなどの嫌がらせになっていないか。障がい者、病気の人、ホームレス、高齢者などを他人事に思っていないか。

学歴、就職、結婚、出産、国籍、人種、宗教、ジェンダーなど自分の常識で考えていないか。この3点です。

この3点は、どんな言葉でも、必ず、チェックするようにしてください。とはいえ、チェックリストでチェックするだけでは、不適切な表現を本質的に防ぐことはできないとも思っています。不適切な表現を本質的に防ぐには、そもそも、そういう意識を持たないことですが、なかなか難しいですよね。

私が心掛けているのは、「属性でくくらない」「相対的に考えない」ということです。「我々女性は〜」「男より女は〜」「私たち国民は〜」「ゲイの人は〜」ではなく、いつも、個人を見る。「私はこう思う」と個人を主語にして話す。人と比べる、なにかと比べる発想をやめる。ねたみ、そねみは持たない。損得で考えない。そんなところも意識してみてください。

俳句で学ぶ、景色が浮かぶ言葉づくり

『プレバト』（毎日放送／毎週木曜19：00～）の俳句査定が好きでよく見ています。この番組が私の若いころにあったら、もっとタイトルが上手になったんじゃないかと思うぐらい、俳句には言葉のヒントがたくさん詰まっているのです。

たとえば、「発想を飛ばす」ということ。

俳句のお題が「ポイントカード」であれば、「ポイントカード」そのもののある情景や心情を俳句にします。でも、発想を飛ばして、たとえば、「診察券」を詠んでも、「御朱印めぐり」を詠んでもいい。夏井いつき先生が、感心し褒める点のひとつが、この発想の飛ばしかたなのです。

きっと、俳句をつくろうと、「ポイントカード」だけを睨んでいてもダメなのでしょう。「ポイントカード」を使うシーンを想像し、カード入れのなかに「診察券」を見つける。「ポイントカード」にポイントを押してもらう時のワクワクを思い出し、「御朱印めぐり」の気持ちと

重ねる。

そんなふうに、「ポイントカード」から、ふっと発想を飛ばした時、いい俳句がつくれるのです。

コンテンツのつくりかたで、分子構造の話をしましたが、「診察券」も「御朱印めぐり」も「ポイントカード」に焦点を当てているうちには見えない景色です。

「ポイントカード」を焦点の外に置いた時、その分子が水を得た魚のように動き出し、新しい物質を生むわけです。私は考えに行き詰まると、「発想を飛ばそう」と意識して、焦点をずらすことをしています。

「視点の移動」もとても参考になる考えかたです。

五七五の短いなかに、映像を入れると、感情移入しやすい俳句になります。その映像が動き出すと、さらに印象的な俳句になります。

「ポイントカード」も映像ですね。「ポイントカード」の映像のあとに、「空」を入れれば、視点は手元から空へ移動します。「ポイントカード」の映像のあとに、「かすれたハンコ」と入れれば、カードの押印ポイントにズームインします。映画のように映像が浮かぶ言葉は、それだけで強い言葉になります。

俳句は言葉の吟味そのものですが、十七音しかないので、言葉の省エネをしなければなりません。

「伝える言葉」などと入れようものなら、夏井先生に「伝えない言葉があったら持ってこい」と叱られます。「楽しいパーティ」もそうですね。パーティはみんな楽しい。

「多くの人が同じイメージを持つ当たり前のことはわざわざ言わない。そこは読者を信用する」という考えかたです。

ほかにも、季語を強める方法、助詞の使いかた、五感の表現など参考になることばかりですが、技術とは別に、つくづく感心することが、ひとつあります。

それは、人を感動させるのは、形容詞ではなく名詞だということ。

季語を吟味し、言葉を尽くし、言葉を重ね、なにかを形容した俳句もあります。でも、感動するのは、名詞で、誰もが思い当たる「日常の景色を切り取る」俳句なのです。普通の名詞で、わかりやすく、素直に描写された光景。そこに、「あ、あるある」「たしかにそうだなー」と、ハッとしたり、うるっとしたりするのです。

お笑いコンビ「フルーツポンチ」の村上健志さんは、「半径30㎝の光景ばかり詠んでいる」とからかわれていますが、その日常の切り取りかたに、いつも、感動させられます。

語彙力やテクニックより、惹句づくりに大切なのは、視点、ものの見かたです。『プレバト』の俳句査定を見て、改めて確信することです。

言葉づくりを時短できる1冊のノート

ふだんから言葉にアンテナを張りましょう。

スマホで次々に記事をスクロールしていて、「お!」と思ったタイトルや見出し、言葉をストックしておきます。その場でコピペするか、ブックマークしておいてあとで書き出します。

書店に行って、新刊本のコーナーを眺めるのはどうでしょう。目を惹くユニークなタイトルの本がきっとあると思います。言葉にアンテナを張ると、街を歩いていても、人と話していても、意外と「お!」と思う言葉が出てくるものです。それらの言葉を次々にストックします。気になった流行語、いつか使いたい造語も集めておきます。好きな言葉、嫌いな言葉も書き出しましょう。

できれば1冊、言葉のネタ帳をつくります。そこに、数ページずつ、項目を立てます。「流行語」「造語」「記事タイトル」「書籍タイトル」「雑誌タイトル」「広告コピー」「見出し」「好きな言葉」「嫌いな言葉」「その他」などでしょうか。自分が関わる業界やジャンルの言葉も、ひとまとめにしておきます。

言葉を書き出すと同時に、どうして惹かれたのか、いいと思った理由も分析してメモしておくと、自分の好みや傾向も可視化できます。

じつは、言葉のネタ帳をつくるなんて私だけかと思っていたのですが、『POPEYE』時代にこんなことがありました。編集部に数日、置きっぱなしのノートがあって、誰のだろうと、私と編集者3人でなかをパラパラ見てみたのです。そしたら、ぎーっしり、いろいろなタイトルが書き溜められていてびっくりしました。

連載のメモから誰のノートか判明したのですが、それは、けっこう、やんちゃなキャラクターの編集者だったので、さらに驚きました。「なんだよー。あいつ、めちゃくちゃマジメじゃんー。こんなことしてんだー」とひとりが茶化すように大声で言うと、私が「私もやってる」と言うのと同時に、ほかの2人も「僕もやってる」と声を揃えたのです。

ノートの持ち主も入れ、5人中4人は、ひそかにネタ帳をつくっていたわけですが、これ、多くの編集者が実践していると思います。ネタ帳があると、タイトルをつくる時に、省エネ、省時間になることはたしかですから。

そして、またしても、手書きがオススメです。単語カードや情報カードに書いて分類しておくのもいいと思います。手で書くことで、より記憶に残りやすく「あー、あの時の言葉なんだっけ」と、記憶のなかのインデックスを探れます。

言葉のネタ帳は、いってみれば、自分だけの、タイトルの定型パターン（68ページ）です。日ごろから、いいなと思うタイトルをストックしておいて、「伝えたいこと」を、その定型パターンに落とし込む。簡単でしょう？

語彙力が鍛えられる効果もあります。言葉の技術は、リストにして持っていてもなかなか使えないと言いました。でも、自分で集めた定型パターンや言葉の技術は、使うたびに、みるみる自分のものになっていきます。**言葉の技術を磨き、語彙力を鍛えるにはこの方法しかないというぐらい、いい方法です。**

さらに、「この言葉いつか使いたいと思ってたんだ」と、ストックしておいた言葉から企画が生まれることもあります。言葉のネタ帳の、言霊を持った言葉たちが、自分たちで動き、つながり企画になる、そんなことが実際に起こります。

言葉のメンター（助言者）を持つのもいいかもしれません。

好きな書き手の文体に似てくる、似せているというのは経験がある人もいると思います。いつも読んでいると、つい乗り移ってしまいます。

『Ｈａｎａｋｏ』の初代編集長、椎根和さんは、『ＰＯＰＥＹＥ』編集長はじめ、『Ｏｌｉｖｅ』『ＣＯＭＩＣアレ！』『ｒｅｌａｘ』などの創刊編集長を務めた名編集長です。それらの雑誌の特集タイトルはもちろん、『ＰＯＰＥＹＥ』ではすべての見出し（週に70本！）をつけていたとか。

最近、椎根さんに、タイトルはどうやってつけていたのか聞いてみました。

すると、永井荷風の『断腸亭日乗《だんちょうていにちじょう》』（岩波書店）を下敷きにしていたというのです。永井荷風は、外遊の経験も豊かで、芸術に造詣も深い。その洒脱な視点と歯切れのいい文体が、『ＰＯＰＥＹＥ』にぴったりだった、と。「寝る前に10分読むと、文体が染みついて、次々に見出しが書けるんですよ」と言っていました。

自分でつくる言葉のネタ帳も、先人が書いた言葉のネタ帳も、ひそかに、フル活用したいものです。

言葉づくりの反射神経を鍛える習慣

言葉づくりの練習として、言葉のネタ帳ともうひとつ効果抜群なのが、なにかにつけタイトルをつける方法です。言葉づくりの反射神経のようなものが鍛えられます。

記事タイトルのつけかたは、「〝売り〟をまとめる」か「〝売り〟を抜き出す（羅列する）」でしたね。日常では、いまの気持ちを表すとどうなるか、をタイトルにする感じでしょうか。

なんだったか、いまの気持ちを表すとどうなるか、をタイトルにする感じでしょうか。

打ち合わせが終わったあとに、心のなかで、タイトルをつぶやきます。「前回と、お、ん、な、じ」「○○さんの独擅場」「部長の意見に反対なのか、どうなんだ、自分」など。

映画を見たあとに、キャッチコピーをつけてみます。映画につけられているキャッチコピーもありますが、「自分だったら、こうつける」とやってみるのが大切です。

初対面の人にもタイトルをつけてみます。滝沢カレンさんが、数年前、四字熟語で人を表現する芸を見せていましたが、あれぐらい気軽な感覚でいいと思います。滝沢カレンさんがつけたのは、たとえば「青春役者」「猫目先輩」「趣味在宅」「突如顔面」「全部普通」などです。同僚の編集者にも、しばしばタイトル的な言葉を独白する人がいました。たとえば、一晩中飲んでいて店を出ると朝になっている。「そして今日が始まる、か」などとつぶやきます。朝までカラオケにいた時は、「白日の下にさらされる俺の意志の弱さよ」とつぶやいていました。

お風呂に浸かりながら、今日1日を振り返って、タイトルをつけるのも、とてもいい練習になります。大失敗をした日、すごくうれしいことがあった日は、つくりやすいですね。でも、特になにもない日、ふだんと変わらない仕事だけで終わった日こそ、タイトルのつけがいがあるというものです。

自分にとって今日はなんだったのか、なにか成長したか、心が動いたか。まとめるのが難しければ、「〝売り〟を抜き出す」方法です。誰と会ったか、いいことがあったか、素敵な言葉を見つけられたか。それも難しければ、「羅列パターン」。「遅刻、会議、会議、残業、肩こり、からのやけ食い」、こんな羅列パターンでもいいので、まずは、挑戦してみてください。

朝、起きた時に、「(今日は) ◯◯を終わらせる」「(今日こそ) ランチにトンカツを食べる」などと仮タイトルをつけてもいいですね。そして、夜に、その結論をタイトルにします。

なにかにつけタイトルをつけると、それがけじめにもなります。物事をひとつひとつ終わらせ、ラベルをつけていく作業になるので、行動に自然とメリハリが出るという効果もあります。

今日の自分にタイトルをつける方法を人に話したら、それを日記としてメモしたらいいのではないかとアイデアをもらいました。たしかに、タイトルならば1行で済みますし、日記も長く続けられそうです。それでいて言葉づくりの練習にもなり、日記として読み返した時に、気持ちの変化なども表れていそうですね。タイトル日記をつけてみたら、ぜひ、効果を教えてください。

タイトル日記は、文字通り毎日つける日記でもいいですし、期間を区切って、つけるのもよさそうです。「この週末」にタイトル、「今月」にタイトル、「この夏」にタイトル、とできるところから試してみてください。「上司」や「家族」など人にもできますね。タイトルをつけることはコンテンツに向き合うことですから、自分の棚卸しにもぴったりです。

アウトプットするからインプットできる

なにかにつけタイトルをつけるというのは、いってみれば、こまめなアウトプットです。頭のなかで、なんとなく思っていることを、タイトルという形で言語化しアウトプットします。このアウトプットがとても大切です。

よく、インプットが充分でないとアウトプットできないといいますが、日ごろからアウトプットをすることで、頭のなかが整理され、空いたスペースにインプットができます。タイトル日記、SNSなど、どんどんアウトプットしましょう。

いちばん簡単でいちばん効率がいいアウトプットは、人と話すことです。

企画やタイトルを考えている時にも、記事タイトルを決める時にも、最後は人に聞くと言いました。人と話すと、単純に反応が見られるし、貴重な意見も聞けます。話しているうちに考えがまとまったり、なにか思いつくこともあります。実際、酒の席で盛り上がって決まる企画を、幾度となく見てきました。

「企画が通らない」「すごくいい企画なのに全然わかってくれない」と、上の文句を言っていた若いころに、先輩編集者に言われたことがあります。「目の前の人を説得できない企画なんて読者に届くわけがない」。たしかにその通りで、目の前の人、ひとりを「おおー、それ読みたいー」と思わせられない企画が、大勢の読者に「面白そう」と思われるわけがないのです。

人と話すことは、アウトプットであると同時に、インプットでもあります。もちろん、人から聞く情報、意見という意味でもインプットです。そうでなくても、自分が話すという行為で、自分の〝想い〟が明確に認知され、それがインプットになります。

人は誰でも朝から晩までなにかしら体験しています。でも、その体験がインプットされているかというと、そうではありません。『チコちゃんに叱られる！』（NHK総合／毎週金曜19：57〜）ではないですが、だいたいはボーッと生きています。

たとえば、友だちから、「さっき見た夕陽がおそろしく紫だったよ」と聞いたとします。そう聞くと「そういえば、昨日の夕陽も鮮やかな紫だったよ。蛍光パープルみたいな」と話しながら（アウトプット）、紫の夕陽を見た体験が、自分のなかに形作られます（インプット）。

そのインプットが印象に残って、数日後にまた紫の夕陽を見た時に、写真に撮るかもしれません。「思わず立ち尽くしたよ」と、その友だちにメッセージするかもしれません。どういう条件で紫の夕陽になるか、気象について調べるかもしれません。これで、ボーッと流れてしまう体験が、ひとつ、インプットとして残ります。

情景や心情は、こうして認知することで、時には言語化することで、インプットになります。

映画、音楽、読書、エンタメでのインプットもとても大切です。いろいろなことに興味を持って、積極的にインプットを増やしていきましょう。そこで得た言葉、自分の感情などを、言葉のネタ帳でストックすると、これまた、すぐにでも役立つ財産になります。

私は30年間じつに多くの文化人やタレントに会ってきました。**特にヒットメーカーと呼ばれる人々が、一般の人と違うのは、圧倒的にエンタメのインプットが多いことです。**ただでさえ忙しい人たちなのに、話題の映画はきちんと見ている。ベストセラーは必ず目を通している。その差はとても大きいです。

どんどんアウトプットして、たくさんインプットするなかで、点と点がつながり、発想が生まれやすくなります。初めは、小さなアウトプットと小さなインプットで構いません。点と点がつながりやすくなると、その質も量も徐々に必ず上がってきます。

編集の仕事はマルチタスク型です。次の号の企画を考えながら、連載の打ち合わせをしたり、取材撮影に行ったり、前の号の校正をしたり、たえずいくつかの仕事を並行して進めています。目の前の仕事と、直接関係のない展示会や発表会も頻繁にあります。

でも、それが逆に発想の原動力でもあるわけです。いっけん違うテーマの仕事でも、点と点はつながり、行き来し、新しい発想を生みます。だから、アウトプットとインプットを、こまめに繰り返していると、発想が生まれやすくなるのです。

実際のところ、かなり忙しくしている時期のほうが、発想が次々に生まれます。仕事が途切れてなにもしない日々が続くと、急激に発想力が落ちていきます。

ゼロからイチをつくり出す「ゼロイチ」という言葉がありますが、私は、ゼロからイチが生まれることなんてないと思っています。インプットされた点と点がつながってなにかが生まれる。アウトプットしながらつながりをより明確に形にする。つまり、社会のなかにある無数のコンテンツが、誰か人間の〝想い〟を通して、新たなコンテンツを生む。そういうことじゃないかと思うのです。

惹句をつくれる人になる想像力刺激法

いかに読者の立場に立てるか、読者の潜在的な望みまで把握できるか。そのためには、その都度「ヒョイっと相手の気持ちになってみる」ことが必要です。

差別語、不快語、炎上する言葉を回避するためにも、たびたび「ヒョイっと相手の気持ちになってみる」必要があります。相手というのは、対象読者ではない、でもこの言葉を目にするかもしれない誰かでしたね。

この「ヒョイっと相手の気持ちになってみる」ことが、得意な人と苦手な人がいると思います。俗にいう「思いやりのある人」は、やはり「ヒョイっと相手の気持ちになってみる」ことが得意です。自然と相手の気持ちを想像して思いやる習慣ができています。

「自己中心的な人」「自分さえよければいい人」「自分勝手な人」は、相手の立場に立たない。もしかすると、相手の立場に立とうとすら、一度もしたことがないような人もいます。

「いる、いる」と思いましたか。いえ、これは、あなたのことかもしれません。もちろん、私のことかもしれません。本当に人間は、ややもすると自分のことばかり考える生き物です。だから、それを自覚して、一瞬でも、相手の立場に立ってみる。それを日ごろから練習すれば、少しずつできるようになっていくと思うのです。

恋人と言い争った時、「ヒョイっと相手の気持ちになってみる」。

部下が失敗した時、「ヒョイっと相手の気持ちになってみる」。

親子でも違う人間なので、「ヒョイっと相手の気持ちになってみる」。

なかなかできないことですよね。私もなかなかできません。でも、「ヒョイっと相手の気持ちになってみる」ことが大事なんだとは、いつも思っています。あとからでも、一瞬でもいいので、「ヒョイっと相手の気持ちになってみる」をやってみてください。私も、そうしては、言葉を間違えたなぁとか、ああ言えばよかったなぁと反省します。

「ヒョイっと相手の気持ちになってみる」練習は、想像力です。だから、平常時に、第三者の気持ちを想像してみることもいいと思います。こんな考えの人もいるんだと知るには、小説を読む。映画を見る。人と話す……。

ゲーム感覚で、第三者の気持ちを想像してみるのもおすすめです。会議中に、「○○さん恥をかいたと思っているのかなー」と想像します。道行く人を観察して「このあと、なにをする

のかなー。なにを考えているのかなー」と想像します。

発想を飛ばす話をしましたが、発想を飛ばすということは、飛ばす先の体験がなくては飛びません。発想を飛ばす先として、いろいろな体験をたくさん持っていることも、つまりインプットを増やすことも、「ヒョイっと相手の気持ちになってみる」想像力を豊かにしてくれます。好奇心を持って、いろいろな体験をしましょう。食わず嫌いをせず、なんでも首を突っ込んでみましょう。

日ごろから、「ヒョイっと相手の気持ちになってみる」練習をしていると、人間関係、コミュニケーションも、だんだん円滑になります。そして、物事を見る目が多角的になっていきます。幅広い視野で柔軟に物事を見るようになります。つまり、それが、葱句をつくる時に必要な想像力です。

発する言葉で人はつくられる

この本では主に書き言葉について説明してきましたが、話し言葉についても、まったく同じことが言えます。

なんでもかんでも「ヤバい」とばかり言っていると、語彙力は止まってしまいます。なにがどうヤバいのか、ほかの言葉で置き換えてみる。「ヤバッ。うまっ」と単語だけで話すのではなく、「おお、口のなかでシャリシャリいってる。ごま油の香りが鼻にぬけるわ」と文で話してみる。まずは、「ごま油の香りだね」でもいいので、ちょっと意識をしてみましょう。

話し言葉は、書き言葉と違って言葉を磨く時間がありません。いつも、咄嗟《とっさ》の言葉選びになります。だからこそ、ふだんから、書き言葉で言葉の吟味を練習しておくといいのです。

言葉のネタ帳は、話し言葉にも直結します。好きな言葉、美しい言葉を集めて、実生活に使ってみてください。その繰り返しで、話し言葉の語彙力が増えていきます。

差別語、不快語、炎上する言葉は、話し言葉でも使わないようにします。話し言葉こそ、

「属性でくくらない」「相対的な言葉は使わない」ことを心掛けます。

言葉は使う人その人を表します。

エッセイストの松浦弥太郎さんの著書『100の基本〜松浦弥太郎のベーシックノート』（マガジンハウス）を編集担当しました。松浦さんは、書くものと同じぐらい優しい言葉で話す人です。年下のスタッフや編集部員にも、「〜ですか」「〜お願いします」と丁寧な言葉で穏やかに話します。言葉の醸す雰囲気が、松浦さんの人となりであり、同時に、人となりになるのだと思います。松浦さんと会って以来、私も年齢関係なく、丁寧な言葉で話すようにしています。

差別的な言葉を発する人は、断言しますが、差別的な人です。政治家が差別的な発言をし、「不快にしたのなら撤回し謝罪します」などと言いますが、言葉だけ撤回しても、その人は変わりません。そして、一度発せられた言葉は撤回しても傷ついた人の傷は消えません。私たち誰もが、そういう責任を持って言葉を使わなければならないと思います。

「愛語《あいご》」という、響きも優しい禅の言葉があります。「慈しみの心から発する愛を持った言葉」という意味です。禅僧の枡野俊明さんによると、愛語のもっともいい例は「母が幼子に向ける言葉」だそうです。自分の利益や欲から離れ、ひたすら我が子を思う気持ちから出る言葉。そんな愛語を使う人間になれたらいいですよね。

でも、朝から晩まですべてのことに慈しみの心を持てるかというと、なかなか難しいものがあります。それでも、心掛けることはできる。時々、はっと思い出して、「ヒョイっと相手の気持ちになってみる」。時々、はっと思い出して、目の前のものに感謝をする。時々、はっと思い出して、いまこの瞬間を慈しむ。

禅では、姿勢や言葉や立ち居振る舞いを整えれば、心も整うと説きます。心と言葉は直結しているので、心を整えれば言葉も整うのですが、心を直接整えることは難しいですよね。だから、言葉を整えて、心を整えます。言葉を整えるためには、同時に姿勢や立ち居振る舞いも整えるほうが、やりやすいはずです。

書き言葉も、話し言葉も、言葉に誠実に向き合い、〝想い〟を乗せる。その慈しみが、あなた自身を今日から変えていきます。

おわりに

縁あって、女優の木内みどりさんと10年間、とても仲よくさせてもらいました。知り合った時、私は40代半ばでしたが、みどりさんと話すたびに、人生、初めて知ることばかりでした。本も映画も音楽も、毎回トピックスが違って、どれだけワクワクさせてもらったか！　その経験の豊富さ、瑞々しい感受性、「いま」を生きるバイタリティ……、夢中になっておしゃべりしました。

みどりさんと話していて、ハッと目が覚めたことのひとつが、マーケティング発想で考えない、ということです。みどりさんは、マーケティングに縛られず、ある本を出したいと、出版者にまでなってしまいました。その本が出た時に、私がFacebookに投稿したものを、そのまま、以下にコピペします。

ものづくりすべてに言えることかもしれませんが、気づけばマーケティングから考える習慣がついていました。「この層に向けて、この言葉がキャッチーだから、こうすれば売れる」から始まる。「違うでしょう？」と言う人がいます。「心の底から歌いたくて歌いたくて歌いたいから歌う。体の底から踊りたくて踊りたくて踊りたいから踊る。そのエネルギーが、ものづくりの原点でしょう？」その人は、いつも心の赴くままに表現し、活動しています。今回は、「何かで心を閉ざしている人に、私の1年間を伝えたくて伝えたくて伝えたいから」という欲求で本を出しました。

女優の木内みどりさん。トラウマになっていた「絵を描くこと」をひょんなきっかけで始め、1日1枚、描いた絵をTwitterに投稿します。ものを見ているようで見ていなかったことを知り、自分の過去や人間関係に思いを馳せ、絵を描く時間そのものが瞑想のように習慣になっていく過程。フォロワーに励まされ、日々の喜怒哀楽のなかで、時に嫌々、時に意地になって、それでも続けていくことの意味。そんな365日をまとめた本です。「伝えたくて伝えたくて伝えたくて」出す本だから、なんと価格は500円（税込540円）！　売れれば売れるほど赤字になる（けれど伝えたい）なんて！

私は今回、この本づくりを完全ボランティアでお手伝いしました。出版社探し、印刷所探しから、ISBNやamazonの登録など、（30年出版社にいながら）初めてのことも多かったのですが、気づいたこと、見えたことがたくさんあります。印刷製本の相談にのってくれた中学の同級生、祝日に速攻でWEBサイトのHTMLをつくってくれた友達、（ふたりとも1円も仕事にはならなかったけれど）ありがたかった！　何より、私も、「心の底からやりたくてやりたくてやりたいことをやろう」と思いました。

…（以上、Facebook投稿より）…

ちなみに、いまはもう入手困難ですが、『私にも絵が描けた！　コーチはTwitter』（小さなラジオ局 出版部）という本です。抜粋と、みどりさんの人となりは、『あかるい死にかた』（集英社インターナショナル）で読むことができます。（『あかるい死にかた』も、死だけ漢字で、ほかはあえてひらがなにしているいいタイトルだと思います。）

みどりさんは、2019年11月18日に急逝されましたが、両手のてのひらを上に、胸の前で力強く揺すりながら、「伝えたくて伝えたくて伝えたいから表現するんでしょう？」という、その声がいまでも聴こえます。

ここまで読んでくださったみなさん、心から、ありがとうございます。私の「伝えたくて伝えたくて伝えたいこと」が少しでも届いたら、とてもうれしいです。惹句について、まだまだ疑問などもあるかと思いますが、折にふれ、一緒に考える機会を持てたら……、というのがいまの望みです。

この本をつくってくださった編集の蓮見美帆さん、デザイナーの小口翔平さん、奈良岡菜摘さん、後藤司さん、図版をつくってくださった高橋明香さん、校正の鷗来堂さん、DTPの天龍社さん、本当にありがとうございます。ご縁をくださった堀江昭佳さん、黒川可奈子さんはじめサンマーク出版のかた、印刷所のかた、製本所のかた、流通や書店のかた、多くのみなさん、ありがとうございます。ものづくりって、やっぱりいいですね。

そして、最後に、いま〝共病中〟の母に最大の感謝を捧げます。

1冊を通して、〝想い〟、〝想い〟と書いてきましたが、どんな仕事でも、どんな行動でも、まず、〝想い〟ありき。その〝想い〟に誠実に向き合い、言葉にすることから、すべてが始まります。

私もいまの〝想い〟にしっかりと向き合い、誠実に言葉にしながら、進んでいきたいと思います。

2021年1月

能勢邦子

［著者］
能勢邦子（のせ・くにこ）
『anan』元編集長。『Hanako』『POPEYE』元副編集長。2018年まで約30年間、マガジンハウスで雑誌や書籍の編集に携わり、話題作を次々に生み出す。担当した『ザ・トレーシー・メソッド』はミリオンセラーに。現在はコンテンツディレクターとして、編集・執筆・webメディアのディレクション、出版プロデュース、コンテンツマーケティングを行う。学習院蓁々会「学習院さくらアカデミー」講師。

なぜか惹かれる言葉のつくりかた

2021年3月1日　初版印刷
2021年3月5日　初版発行

著　者　能勢邦子
発行人　植木宣隆
発行所　株式会社サンマーク出版
〒169-0075　東京都新宿区高田馬場2-16-11
03-5272-3166（代表）
印　刷　三松堂株式会社
製　本　株式会社村上製本所

ISBN978-4-7631-3896-5　C0030
ホームページ　https://www.sunmark.co.jp